U0746923

中等职业学校建设的实践与思考

以杭州市闲林职业高级中学办学五十周年为例

ZHONGDENG ZHIYE XUEXIAO JIANSHE DE SHIJIAN YU SIKAO

丁卫东◎著

安徽师范大学出版社
·芜湖·

图书在版编目(CIP)数据

中等职业学校建设的实践与思考 / 丁卫东著. — 芜湖: 安徽师范大学出版社, 2018.9
ISBN 978-7-5676-3793-1

Ⅰ.①中… Ⅱ.①丁… Ⅲ.①中等专业学校 — 建设 — 杭州 Ⅳ.①G718.3

中国版本图书馆CIP数据核字(2018)第214870号

中等职业学校建设的实践与思考 丁卫东◎著

责任编辑: 潘 安
装帧设计: 丁奕奕
出版发行: 安徽师范大学出版社
芜湖市九华南路189号安徽师范大学花津校区
网 址: http://www.ahnupress.com/
发 行 部: 0553-3883578 5910327 5910310(传真)
印 刷: 虎彩印艺股份有限公司
版 次: 2018年9月第1版
印 次: 2018年9月第1次印刷
规 格: 700 mm×1000 mm 1/16
印 张: 17.25
字 数: 252千字
书 号: ISBN 978-7-5676-3793-1
定 价: 68.00元

中职教育可以成就幸福人生

在近代以来教育改革中，职业学校的建设与发展一直是非常有趣的现象。职业教育名校推出的一个个行动方案，不断提醒着我们要走出职业教育改革的误区，在大力改革中持续发展职业教育，可以成就幸福人生。

一、中职教育的理想

改革开放以来，中等职业学校发展快，变化大。

从80年代大力发展中等专业教育到90年代中后期高考扩招，从“优质初中毕业生”读中专到90年代初中考招生转变，90年代中后期出现“普高热”，当今社会从人口大国向人力资源强国战略的转变到现代职业教育体系的构建，中等职业教育一直承担着历史赋予的责任，奋力前行。

一系列改革举措有效改变了社会各界对职业教育的认知，中职名校的魅力日益显现。在中等职业学校，以课程改革为抓手，以教师培养培训改革为纽带，职业教育越来越像职业教育。通过比对应用型技术技能人才规格与学术型人才规格的差异，区分技术习得和运用与知识积累和传承，工作过程、岗位分析、产品导向、项目教学、任务驱动等概念（或理念）被提出并得以推广实践，在逐渐摆脱普通教育的路径依赖，走出学术性教育传递学科知识的迷途过程中，职业教育成为一种有独特话语体系的、有魅力的教育类型。

尊重学生天性并助推其成长是教育的最高理想。教育是不断向理想靠近的社会活动。教育的这一理想是“因材施教，个性发展”，即让每个人获得合适的教育，成就最好的人生。教育改革与实践应该始终向这一教育理想靠近。职业教育，本来可以改变孩子的命运，甚至推动产业转型升级。继续认识职业教育的第一功能和延伸功能，对当今职业教育建设特别是中等职业教育来说，具有重要的意义。

二、中职教育的新思想

中职名校建设是一个系统工程，需要在教育教学改革中实现理念突破、实践创新和特色发展。“成就幸福”的教育思想应运而生。

“成就幸福”的教育，是寻求教育内在供需关系的动态平衡，为学生提供多样的教育资源，并适合学生需求。“成就幸福”的教育，可以帮助学生克服对学习、对未来生活的恐惧。向学生提供“成就幸福”的教育，是教育领域开展供给侧改革的必由之路。

“成就幸福”的教育，意味着学校要从学生个体需要和多样化需求角度考虑教育供给。“有幸福感”意味着学生学习意愿、发展方向、成长动力的改变。围绕“成就幸福”进行教育教学改革，学生方可“零思考”“零犹豫”地转变学习状态，尽早实现自主成长。

三、中职教育的理念突破

与“成就幸福”的教育相适应，中等职业学校首先需要实现教育目的观的突破，从过分强调知识与技能传授向服务学生发展转变。作为一种独特的教育形态，职业教育的独特功能在于培养适应社会所需要的技术技能人才。在信息化、智能化的今天，知识和技术更新之快无疑给职业教育提出了巨大挑战。以育人为根本要务来应对多变的职业岗位及要求，应该成为“以不变应万变”之策。

其次，中等职业教育需要实现发展主体观的突破，从教育教学“双主体”向发展“单一主体”观转变。对于中等职业学校的学生来说，当中还是有些人处于单一学习任务、单一评价标准等操作模式，是以被剥夺了选择权和发展自主权为代价的。把学生作为发展“单一主体”，尽可能为学生提供多样化的选择机会，真正让学生站到台前，方可在充分选择中接受合适的教育。

最后，中等职业教育需要实现学习观的突破，从“存储式”“模仿式”学习向“建构式”“自主式”学习转变。让学生自主根据认知规律构建个性化知识体系，实现知识与技能积累。

四、中职教育的实践创新

与“成就幸福”的教育相适应，需进行系统的课程、教学及学生管理改革。

工业革命以来，体系化强的学科课程更容易被大范围、高效率的传播。但是，学科课程实施过程中的难度、速度和强度比较难以控制，其应用性难以呈现。基于职业教育需求，开发更多的非学科化课程实为必要和必需。在基于工作项目、工作过程的课程改革基础上，适应学生多样化选择，开发基于真实产品、创新创意作品的课程，学习先进教育经验开发综合课程、跨学科课程，可以为学生提供丰富多样的课程资源。

在教学方面，学校需要进一步强化以真实任务驱动的教学方式，推动学生“做中学，学中做”，实现学与做的深入融合。在文化课教学改革中，探索文化课向实践、操作转型的新途径；在专业课教学改革中，强调专业理论课向理论实践一体化转型；在专业实训（操作）课教学改革中，探索企业生产标准和准员工化操作规程的前置途径。

在学生管理方面，推进个性化的学生及学业管理方式改革。围绕“适合的才是最好的”，推行完全学分制无疑是个性化学业管理的最好体现。围绕学生个性需求，给学生配备成长导师，进而可以开展针对性强的指导。围绕学生集体需求，学校需要根据专业设置和学生需求，建立跟学生专业发展关联性强的社团，并以社团为载体推动创新创业教育开展。

五、中职教育的特色发展

与“成就幸福”的教育相适应，职业学校需探索特色发展之路。

打造有独特品格、有个性的职业学校，让学生体验学校特色化发展的成就，应该成为学校围绕合适的教育进行改革的主线。为学生提供合适的、有选择的教育，要求学校能够凝练、打造并宣传学校特色文化，以特色文化铸就师生品格；学校需要结合地方特色和办学历史，形成丰富且独特的校本课程、校本资源，树立学校品牌，提升学校的社会影响力；学校需要形成服务于学生发展、服务地方经济发展的办学理念，以校企深度融合机制，为学生生涯发展提供足够空间。

学校特色发展离不开学校管理制度的建立与优化。在围绕“成就幸福”的教育改革过程中，学校发展自主权应该受到应有的尊重，学校的事业发展责任应该得到进一步激发和强化。让职业学校回归办学的初心，方可向学生提供“成就幸福”的教育。

六、中职教育的典范

杭州市闲林职业高级中学五十年的征程，是杭州职业教育改革的缩影，是浙江职业教育改革的亮点，也是我国职业教育不断跨越的真实写照。

她五十年的征程，是不断积淀文化的五十年，不断彰显特色的五十年，不断成就师生幸福的五十年。

她五十年的征程，事实上在用实践智慧传递着我国职业教育改革的心声：

“办好人民满意的教育，让每个人都有人生出彩机会。”

是为序。

刘辉

二〇一八年九月十日

（作者简介：刘辉，浙江工业大学副教授，职业技术教育研究所所长，浙江大学教育学博士，美国印第安纳大学博士后，主要研究领域为教师专业成长、职业教育政策、职业学校课程与教学改革。）

听丁卫东校长讲他的教育管理经验

近年来，浙江省的职业教育领先于全国，杭州市的职业教育则在浙江省名列前茅，余杭区的职业教育则走在杭州市的前列。在这支阔步向前的区职业教育队伍中，杭州市闲林职业高级中学以其稳健有力的发展步伐、捷报频传的办学成果成了不容忽视的亮点。

丁卫东，1993年从浙江林学院美术专业毕业，到乔司职业高级中学报到，在经历2年团委书记的职业生涯后，被任命为教导处副主任，主管学生的思想工作。2000年下半年，丁卫东被任命为校长助理。2001年1月，29岁的他，还未过而立之年，便升任为副校长，成为当时高中学段最年轻的副校长。2009年起，他出任乔司职业高级中学校长一职。

2014年夏天，丁卫东调入闲林职业高级中学（简称“闲林职高”），继续担任校长。到任后，他紧紧把握时代发展的脉搏，提出了“文化统领、特色发展、师生幸福”的办学愿景，指出闲林职高要发挥优势，把握机遇，攻克瓶颈，以办特色职业学校为目标，力争创建专业有特色、教学有品牌、教师有名师、学生有专长、学校有影响的省级职业高中。数年耕耘，硕果累累，职高教育的发展蒸蒸日上。

荀子曰：“不积跬步，无以至千里；不积小流，无以成江海。”高楼大厦平地起。成功来源于一点一滴地积累。下面，精心摘编丁卫东校长的教育管理言论，从中可以窥探其职高教育管理的特色。

一、课比“天”大

如何来认识课比“天”大，我以为可以从以下几方面来考量：

一是从教师的职业道德来看，敬业、爱生是做教师的基本职业道德。除了学校行政干部、班主任、后勤人员，我们大多数老师敬业、爱生体现在哪里，主要就体现在课堂教学中。课堂教学的这个重要地位是无法改变的，更何况学校行政干部、班主任的第一身份就是教师，因此我们要去关注课堂。

二是教学是学校的中心工作，课堂教学是提高教育教学质量的主阵地。一所学校只有去关注课堂教学，根植于课堂教学，才会有质量意识和质量提升。

三是教师的第一要务是教书育人。要教好书育好人就要聚焦课堂。人常说“巧妇难为无米之炊”，一个教师离开了课堂，脱离了课堂，是一个“巧妇”又能怎样？重视课堂教学，就要我们的教师做好教学常规，既要做好课前准备，认真抓好教学过程，又要落实课后作业的批改和反思。我们不能在课堂上只顾自己讲而不去理会学生的反应，对学生的思想道德、规范意识的教育应贯穿到学科教学的全过程。更重要的是，我们的教师要把对课程改革认识落实到专业人才的培养上，要不断地调整教学策略，用新的教学理念、教学方法唤起课堂教学活力；要更多地关注学生、分析学生，构筑师生互通渠道，提高课堂教学效益。

四是学生的在校学习是基于课堂的学习。职业高中有其职业教育教学的特殊性，在学校除了于教室文化课的学习之外，很大一块是在实训场所的专业理论学习和技能训练，也就是说，在当下的职高教学中课堂还是学生接受教育的主要场所，还是教师实施教学的主要场所。因此，我们的教师唯有做到“课比‘天’大”才能尽情发挥所能，才能让我们的学生得到最大限度进步。当然，我们要把教室和实训室等同起来，用课堂的认识来对待。

课比“天”大，就是要求我们的教师看重课堂教学，把上好课作为最高的标准。教育的意义和教师的价值或许就在这里。

二、再议“课堂教学”

课堂要成为教师开启学生智慧的金钥匙。课堂教学教师究竟是个怎样的角色？如果把课堂比喻成一辆行驶中的车，教师不能当驾驶员，而要让学生做驾驶员，教师要坐在副驾驶当指导，明确方向，适时提醒引导，这样的课堂才会灵动，才有激情，才能有动力。

笔者认为，课堂教学的主体是学生，只有明确了这点并正真加以落实在课堂教学过程中，这样的教学行为才是有效的，这是其一；其二，真正的有效课堂教学，不能仅仅满足我教了什么，学生学了什么，更多地是要通过教学让学生学会思辨，甚至具有一种质疑批判精神。怎么样激发学生的好奇心？怎么样走进学生的心灵？这才是一个优秀教师需要去思考的。

魏勇在《怎么上课，学生才喜欢》一书的“好课的标准是什么”中讲到，好课的第一标准是，以学生为中心，尤其以学生的学科素养发展为中心。只有学生的好奇心被激发起来，愿意和老师一起进行一场精神上的历险时，老师才能够真正地走进学生的心灵，否则，学生跟老师对话只是为了迎合老师。

三、关于教与学的方法问题

学校的教学工作，其实就是教师教的问题和学生学的问题。

教师要研究教法，研究教法首先要了解学情，学情了解了才能确定采用哪些方法比较有效；要分析教法，哪种教法更适合学生，容易让学生接受和掌握。我认为，教师在组织教学前一定要做足这门功课，做到有的放矢。

学生要研究学法，这里又有两个维度的指向：一是教育学生有效学习是要讲究方法的，要让学生主动去思考学习方法并掌握适合自己的学习方法；二是教师要指导帮助学生，分析学生情况，与学生共同探讨采取何种学法，通过点拨让学生掌握有效学习的方法。因此，教师不但要研究教法，还需要研究学法。

从某种程度讲，教与学的方法问题每位教师都要重视，不可偏颇。只有认识到了教与学的方法问题，才能搞好教学工作，提高教学质量。“知之愈明，则行之愈笃”，与我的教育同行共勉。

四、关心是教育的基石

记得我参加工作一个学期后就做了学校的团委书记，两年后又做了教导处副主任，那时候学校不分教务处和政教处，我做的教导处副主任是负责学生政治思想教育和管理工作的，相当于现在的政教主任。这个工作我做了三年，期间发生的一件事情至今印象深刻。

那是新学年的第一个学期，天气已冷。我到学生寝室查看学生就寝前的情况，当走进机械专业一个男生寝室时，我发现有一位小个子同学与睡上铺的同学拼铺。按学校规定，学生就寝后是不能拼铺的，主要是为了安全。我走上前去厉声喝道：“下来，睡自己的床上。”学生一脸不高兴，说自己的床因为其他同学坐着洗脚把洗脚水弄到床板上，床板湿掉了一大块，已经不能铺被子睡觉了。当时我很坚持自己的原则，这事没商量。在我的严厉声中，学生很不情愿，气呼呼地下来，简单铺理一下，一头钻进被窝。走出寝室，我慢慢地走向走廊的另一头，天有些冷，我想到学生的眼神，估计他睡在那里肯定不踏实。于是我跑到办公室拿了些报纸，敲开同学寝室的门，走到小个子同学的床边，拍了拍他的肩，让他坐起来，我掀开被褥下席子的一角，用报纸在湿了的床板上铺了一层。我对学生说："你好好睡吧。"在我即将转身离开的时候，学生对我说："谢谢你，丁老师。"我也分明看到学生流下两行热泪。

关心爱护学生是做老师的天职，不在于事情的大小，而在于对学生的关心和爱护是否落到实处，哪怕是很小的一个举动、一个眼神，让学生感受到老师的关心爱护就可以了。教育就是这么简单的一回事情。

五、十八岁要担当起更多的责任

作为你们的校长，首先，请允许我代表学校全体师生员工，对你们的成年，表示热烈祝贺！

十八岁，是充满浪漫与热情的年纪。

十八岁，是洋溢青春与活力的年纪。

十八岁，是挥洒自信与豪迈的年纪。

十八岁，可以指点江山、激扬文字。

十八岁，可以长风破浪、直挂云帆。

十八岁，让一切皆有可能！

但是，同学们，十八岁的成人礼，不是热闹的同学聚会，不是激情的社团活动，而是丁壮扛戈，长大成人，从此你们就要担当起更多更多的责任。

对于自然，你们既要有万物主宰的豪情，也要有对宇宙的敬畏之心、悲悯情怀，让渺小的自我在苍茫宇宙中因自我能量的释放而熠熠生辉。

对于国家，你们要坚守自己的中国身份和文化立场，要用自己丰富的文化知识去强大自己的祖国，也要让中国的传统文化因你的传承而拥有更加博大的内涵。

对于家庭，成年意味着更多，但首先意味着，爱你们的双亲已添白发。他们可能不再是你们这个世界的英雄，只是一对平凡的人。而正是这样的他们，更需要你们的回报和关爱。这是一种使命的延续、幸福的传递。

对于自己，要学会自尊、自爱、自强、自立，怀揣梦想与责任，埋首于功课，既不凌空虚行，也不匍匐卑行，扛自己的担，认自己的账，脚踏实地，在最美好的年华里，为了最宏伟的理想，朝着成功的道路奋进，用火红的青春点燃最灿烂的明天，用琐碎的日子堆砌最辉煌的人生。

18年前，我没有见证婴儿呱呱坠地的欣喜，但今天，我能见证你们长大成人的神圣，我感到莫大的荣幸，也无比激动。我感恩上苍让一个个生命健康茁壮成长，感恩你们的父母把你们送到闲林职高，让我们有机会共谱师生情、同圆青春梦。你们的成功不仅仅是你们个人的荣耀，也是学校文化建设的展示，更是对学校“循自然，尽其才”办学理念的一种具体完美呈现。

六、表扬不可少

教育是场革命，在这场革命中我们总在寻找一种合适的方式，然而当我们苦思冥想什么是有效教育手段的时候，总不由自主想到“桃花潭水深千尺，不及汪伦送我情”，其实人的情感才是教育需要关注的根本。

我也经常说教育需要惩罚，是的，教育不是万能的，惩罚必不可少，那是对学生思想、行为的一种矫正，但我总感觉现在老师给学生的表扬太少了，我不是要说去走极端，而是说对学生表扬不可少。

我先举个例子：前一段时间，我去参加儿子学校召开的家长会。说实话我很怕参加小学的家长会，原因是到了那儿，感觉自己成了小孩。那次是儿子点名要我去的，于是就去了。去了后，坐在儿子的位置上，先听辅导报告，然后是数学老师介绍学习情况，最后是班主任讲话。班主任在结束时说，希望今后学校开家长会家长都能带好笔记本，并表扬了其中一个家长能在笔记本上认真记录。当时我也认真做了记录，只是记在一张纸上。我发现还有家长也在记，也是记在纸上的。当时我就想，班主任为什么不表扬我们这些家长呢，感觉心里有种说不出的味道，其实说白了也就是想得到几句表扬的话。我不是说儿子的班主任不好，我是很感谢儿子的班主任，她为孩子的成长付出了很多，也是位很优秀的老师。我只是想说明一个问题：连我这样有着一个十六年教龄的教师也是希望得到表扬的，何况我们的学生呢?

说实话，在教育过程中表扬和惩罚这个度是很难把握的，但我总感觉表扬不可少，该给学生的表扬还是要给的，只有这样才能激起学生情感的浪花，让他们有进步的信心。

七、珍惜时间　懂得学习

拿了季先生的《我的人生感悟》，我坐了下来。整整一个下午，确切讲是两个半小时，就看他的文章。《我的人生感悟》一书，内容涉及很多，对我的帮助很大。季老在文章中几次提到宋代大儒朱子的一首诗，即：

少年易老学难成，
一寸光阴不可轻。
未觉池塘春草梦，
阶前梧叶已秋声。

这首诗所表达的意思是两个方面：一是要珍惜时间，二是要抓紧学习。我想季老几次引用这首诗无非是要告诉我们，人生一世要珍惜时间懂得学习这个道理。

由此想到我的那些学生，他们年少有很多的抱负，他们聪明总想做大事，但在学校的学习生活中，他们没有珍惜时间而浪费大好的青春时光，不愿勤奋学习而荒废自己的学业。我想把季先生的书介绍给他们，把宋代大儒朱子的这首诗介绍给他们。

八、文化，为生命负责

学校是一个独特的文化机构，不同学校之间的根本区别在于其内在的文化。学校就应该营造一种向上的学校文化和精神氛围，进而对师生产生潜移默化的启迪和教化作用。

“文”是一种思想、智慧和精神。职业学校文化是学校的灵魂，学校文化底蕴越深厚，对社会的吸引力就越大，而没有文化的职业学校，犹如一片“沙漠”、一座“孤岛”，会把职业教育引入歧途。文化的建设首要是人，人有精神，教育有精气，文化自然得到传承。

“化”是一个认同、过程和内化。职业学校文化包括环境文化、课程文化、课堂文化、组织文化和管理文化等方面。“文”是学校的根，“化”是着眼于富有张力的学校文化愿景规划和持续不断地促进与创生。基于工作过程的课程文化，贯彻做中学的教学文化，借鉴引入企业制度和职业性的校园管理文化等，都是化的方式。

文化的力量，对于一个民族如此，对于一个人如此，对于一所学校发展也同样如此。

九、一个观点，三点想法

一个观点，即“倒茶论”。“倒茶论”的核心思想就是运势而为，厚积薄发。告诉我们什么道理？一是要有向心力，围绕中心不断运势；二是积聚能量，伺机而发。

三点想法，即责任意识、团队意识、质量意识。

第一点，责任意识。教师这个职业是良心活，老师要有责任心，责任心要落实在具体的工作上。

第二点，团队意识。团队之间是否有协作，是否讲和谐很重要。领导要融入团队，要讲管理艺术。沟通重要，成人之美同样重要。管理上不讲艺术，就不能服众，就不能处理好关系，我有个认识，人要有点个性，但个性过头了就不是个性了。

第三点，质量意识。抓教学质量要成为我们学校各级干部工作的重中之重，我们需要分析，要有应对措施，各位干部要有“卧薪尝胆，三千越甲可吞吴”的气概和决心，花大力气来提高教学质量。

十、如何当好中层干部

如何当好中层干部，不外乎做到以下三点：一是干部要讲忠诚，二是干部要会“拿捏”，三是干部要有创新思维。讲忠诚是个觉悟立场问题，会“拿捏”是个管理艺术问题，有创新思维是个持续发展问题。

我讲的这个“忠诚”不是愚忠。从企业管理来讲就是企业的员工对企业的忠诚，我们要忠诚于自己的学校，我想这点对学校的干部很重要。忠诚度越高，效率就越高，效益就越好。企业和学校都有这样的案例。学校领导层作出的决策总想是是正确的而且是有效的，而关键是中层干部能否有效落实，这成了决策成与败的关键。中层干部能不能强有力地去执行，就是看干部的忠诚度。我有个比喻也经常讲，学校好比一个战斗团，校长是团长，书记是政委，副校长就是副团长，各中层干部就是营长，而我们的教研组长就是一线带领战士冲锋陷阵的连长，营长和连长是最前线的指挥官，决策在上层，但决策落实的好不好，能不能打赢仗，关键靠一线指挥官能否指挥得得心应手，能否骁勇善战。

我讲的“拿捏”是个口语词。凡事都有个度，掌握好这个度就是学会了拿捏。对中层干部来讲，包括其他干部，不要什么事情都请示，你认为笃定好做的事或者做下去的事一定是好事的事，要大胆做，放手做，做好了跟分管领导或主要领导汇报一下就可以了。如果对想做的事，有些迟疑或者拿不定主意，可以向领导请示，听取相关意见和建议再作打算和安排。总之，在做事这个具体问题上，我的意见是少请示多汇报，当然，我讲多汇报也不是什么事都要汇报，分内可以定的常规的工作就不要汇报了。

我讲干部要有创新思维，是基于以下四个方面的分析提出来的：

一是创新是时代的要求，“大众创业，万众创新”是新时期的社会变革特征，已是世界潮流，浩浩荡荡。因此，我们要有强烈的创新意识，“善奕者谋势而长胜，善谋者创新而多赢”。

二是职业教育发展进入新常态。以全国职业教育工作会议召开为标志，中国的职业教育已进入普职相通相融的新常态，两种类型的形成（学术型、技术型）为职业教育新发展注入了活力。如何走好新常态下的职业教育路子，需要改革创新，需要用创新的思维去考虑当下的职业教育发展。

三是中职教育发展教育改革需要创新。特别是浙江省的课程改革，如何在现有条件下落实好选择性课改，这是一项谋智、谋势的事情，需要花功夫下去的。

四是从我们学校现状来看，我们的工作不能按部就班，满足于常规，我们的干部要加强创新性思维。我是这样想的，学校主要领导要布好学校总体发展战略之局；分管领导要根据学校的总体部署，出好分管工作的思路，同时要加强检查指导；各中层主要干部要在这个前提下做好方案，有目标、有方法、有路径、有结果，要创造性地去围绕思路实现目标，同时这个方案可操作性要强，要让一线教职工可操作。由此，中层干部加强创新思维变得日益迫切。

十一、班主任要善于出“金点子”

一次偶尔的聊天，让我感到做一个班主任要善于出好“金点子”。

小丁是我的同事，也是一个很负责任的老师和班主任。一次在聊天中，他跟我说起一件事情，大致是这样的：

学校曾经规定学生不能带移动通讯工具进校园，但执行起来效果不明显。后来考虑到现在是一个信息社会，强制学生不能带移动通讯工具进校园，管理难度大，于是学校重做规定，允许学生把移动通讯工具带进校园，但在教学区不能使用，晚就寝后不能使用。这样的规定，在教学区老师还可以监控，就寝后情况就很难掌握了。丁老师想了一个办法，他把学生的移动电话号码做了登记，把自己的电话号码告诉了所有学生，说是便于联系。有一个晚上，等学生就寝后，他用其他号码分别给住校的学生打电话，结果有的学生确实关了机，有的学生以为是同学或朋友打来的电话就偷偷接了，一接知道是班主任打的电话，大气不敢喘就关了机。丁老师掌握情况后，第二天就在班里讲了这个情况，批评了一些同学。从这以后，班里的学生再也不敢在就寝后开机接电话了。

虽说是一件很小的事情，但从这件事情上看出丁老师是个有心

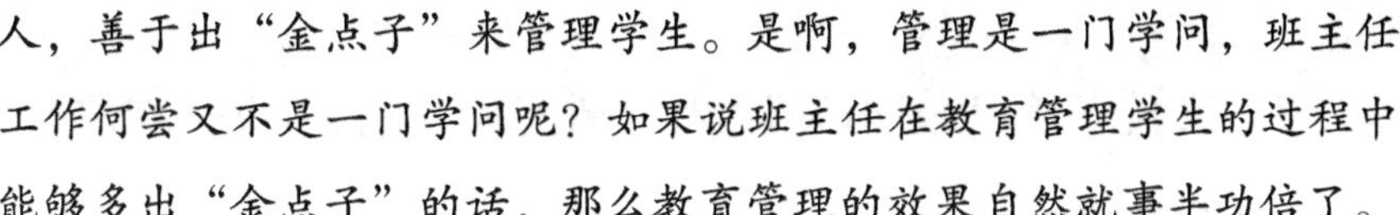

人，善于出“金点子”来管理学生。是啊，管理是一门学问，班主任工作何尝又不是一门学问呢？如果说班主任在教育管理学生的过程中能够多出“金点子”的话，那么教育管理的效果自然就事半功倍了。

教育是一件天大的民生工程，平常而又深奥，班主任要记住，多出“金点子”是你的法宝。

十二、追求幸福是职业教育的终极目的

我们职业教育的理想就是将就业压力转化为奋斗的动力，帮助学生习得一技之长，获得满意的具有发展空间的职业岗位，提升经济收入和社会地位的就业期待，通过体面劳动过上幸福生活，不断提高我们的幸福指数。

幸福系人自我实现后得到的一种满足感，一种需要和欲望满足后的状态和心理体验，是人生永恒的追求。学校和我们所有的教职工都会伸出自己的双手，责无旁贷地担负起帮助学生寻求幸福的使命；通过职业理想的引导，提升学生幸福追求的层次；为学生创造体验幸福的环境和氛围，培养学生发现幸福、体验幸福的能力；创新教育教学过程，秉承“课比‘天’大”的信念，上好每一节课，帮助学生在教育实践中体验幸福。

作为校长，我希望每一位学生在闲林职高的学习是幸福的，从心灵深处感受到学习文化知识是幸福的，进行技能训练是幸福的，上课是幸福的，课外活动是幸福的，和老师交流是幸福的，同学之间相处是幸福的。我希望每一教职工在闲林职高的工作是幸福的，在校园里生活是幸福的，给学生幸福的归属感，也给自己幸福的归属感。

十三、关于中职实施现代学徒制工作(试点)的三点思考

中职现代学徒制工作（试点）已实施两年多来，各职业学校都在开展此项人才培养模式的试点工作，有过程的迷茫，也有阶段性的获得。前段时间读了一篇名为《职业教育载不动现代学徒制》的文章，这几天听专家讲座，我对中职现代学徒制有了新的思考。

第一，无论是德国双元制、澳大利亚新学徒制，还是英国现代学徒制，总是基于本国国情或者通过政府体制来推行的。中国的现代学徒制实施，个人感觉方向是对的，这种人才培养的理念也是要贯彻引导的，但在体制机制上需要政府做好顶层设计。目前我们有一些阶段性成效的案例，但没有普适性和推广的应用性。

第二，专家的观点我很认同，现代学徒制不是每个专业都好做的，也没有必要学校所有专业一哄而上，类似于服务类的专业只要通过培训即可解决，现代学徒制的开展只要在部分专业的部分学生中按一个核心、两个主体、六个共同要求开展即可。

第三，在人工智能快速发展的今天，不少岗位将会被机器替换，个人认为中职开展现代学徒制的专业最好是服务于机器人和机器人取代不了的岗位专业。就我校而言，目前以学前教育专业为试点的现代学徒制工作，我觉得只能是浅层次的，深入推进不了。我看好在五年一贯制的专业中去实施现代学徒制试点工作。我校在五年一贯制的电梯维保专业开展现代学徒制的实施和实践研究，期待通过几年的努力能在这个专业上取得成绩，形成特色。

类似的思想，散落在各处，如清晨之露珠，如夜空之繁星，还有很多很多。而这本专著，则比较系统地呈现出丁卫东校长近年担任闲林职业高级中学校长的办学愿景：“文化统领、特色发展、师生幸福”。全书以此为框架，详加论述，囊括职高管理工作的方方面面，特别是在打造与彰

显职高办学特色方面，尤为用力，经过全校师生的努力，已经得到上级部门的认可和社会群众的赞许。

面对众多的成绩，丁卫东校长淡然一笑，说：“‘远望方觉风浪小，凌空乃知海波平。’闲林职高教育事业的发展还有很长的路要走。”诚然，职高教育的长足发展，需要包括丁卫东在内的诸多职高校长等继续大力探索。

潘　安

二〇一八年八月三十日

于安徽师范大学出版社

（作者简介：潘安，1975年生，现为安徽师范大学出版社综合编辑部主任，副编审。1992—2004年任中小学语文教师，2004—2007年攻读硕士学位，2007年任图书编辑至今。）

自序:耕耘在职业教育的春天里

清茶一盏，香气沁人，徐徐倾斜，水出而留茶叶于其壁；匀速摇晃，加速于恰好，茶叶随水旋起，倾盏而出，水茶皆净，此为“倒茶论”。

“倒茶论”，即运势而为，厚积薄发。论原理，一则要有向心力，围绕中心不断运势；二则积聚能量，伺机而发。

将“倒茶论”应用于职业教育，人才培养首先需要我们“运势而为”。“运势而为”要求我们围绕职业教育核心理念，围绕培养怎样的职业人才，具体从职业学校的专业集群建设、教学诊改工作、质量提升工程、“三名”工程、智慧校园建设、现代学徒制建设等角度进行运作。“运势而为”的原动力在于学校，在于教师。学校为教师服务，教师为学生服务。教师围绕人才培养不断进行“运势”，帮助学生奠定人生基础。

其次，职业人才培养需要我们“厚积薄发”。教师强则学生强，教师优则学生优，教师为学生的成长不断蓄积能量。学生在职业发展过程中，需要老师们不断引路，并适时搭建走向更高一级天地的平台，成就出彩的职业人生。此等平台，如职业能力大赛、职业素养比赛、创新创业、高职考试。此等平台，需要老师们带领学生破解生活与专业工作中的难题，创新，应用，实践；需要老师们以自己的专业能力与聪明智慧积极承担学校的各项工作，日积月累，呕心沥血；需要老师们以责任与担当，托起中职学生对未来的美好憧憬以及对职业生涯的合理规划，实现专业学习的内在价值。

“学校无不用之成材，社会无不学之执业，国无不教之民，民无不乐之生”，这是黄炎培先生职业教育的最终理想。职业无高下，尊重不同的职业，成就不同的职业，使每一类孩子都能受到良好的教育，使每一位学生都能就业有路，升学有望。让学生因专业而成功，让教师因职业而幸福，让学校因师生而精彩。这便是我们职教人的理想。

职业教育需要精耕细作，耕耘在职业教育的春天里，就要在中职学生的心中播下绿色的种子。运势而为，培养学生核心素养；厚积薄发，促成精彩人生！憧憬职教，我们信心满满，砥砺前行！

二〇一八年八月十五日

目　　录

◇ 第二篇　特色发展 ◇

◇ 第三篇　师生幸福 ◇

绪 论

杭州市闲林职业高级中学（原闲林中学）创办于1968年，位于美丽的径山南麓、西溪湿地之畔，毗邻杭州未来科技城（海创园）和阿里巴巴淘宝城，紧依杭州梦想小镇，环境优美，交通便捷，设施完善。学校是区教育局直属职业高中，浙江省二级中等职业学校，浙江省职业教育电子电器应用与维修实训基地学校、浙江省300所心理健康教育示范点，上海市教育科学研究院职业教育与成人教育研究所实验学校，浙江工业大学教育科学与技术学院研究生教育科研实践基地，杭州市首批“杭派教法”基地学校学校。目前开设有学前教育、电子与信息技术、机电技术应用、机电设备安装与维护（电梯运行与维护）、园林技术、数字媒体技术应用六个专业。学校先后荣获全国零犯罪学校、2017年全国“国防教育特色学校”、杭州市卫生先进单位、杭州市语言文字规范化学校、区规范化管理示范学校、区综合治理先进单位等荣誉称号。目前，学校共有42个班级，在校学生近2 000人，教职工113人。经过近半个世纪的发展，学校已经初步形成文化教育、现代制造和园林艺术三大专业集群。回顾学校50年的办学历程，可以从以下几个历史时期加以剖析：

一、初创期（1968—1983）

1968年6月，时值“文化大革命”的非常时期，当时的中小学教学秩序混乱，原闲林镇的杭州青年中学已于1966年迁址留下镇，致使闲林地区小学毕业生已连续三届不能正常升学，升学压力大。在当时县教育行政部门的安排和协调下，是年秋，上级教育行政部门分配杭州大学毕业生陶根法老师负责开办初中，9月在原青年中学旧址上，招收初中新生104人，分作两个教学班，校名为“闲林五七学校”。

1969年，由于正常的招生秩序尚未恢复，停止招收新生。

1970年3月，首届初中生98人毕业。同年再招初中新生两个班，同时在本校初中毕业生中，招收普通高中两个班。

1971年，恢复为秋季招生。学校发展到4个初中教学班，2个高中班，共6个教学班级。当时有公办教师13人，所缺编制的教学任务由民办教师和代课教师共同完成。这一年学校更名为“闲林中学”。

1972年6月，首届高中班38名学生毕业。此后，每年招收初中新生3个教学班，高中2个教学班。教学秩序、招生秩序逐步纳入正轨。

至1975年秋，学校已初步形成农村完全高中规模，初中8个教学班，高中4个教学班，共12个班级，学生达600人。当时办学条件十分简陋，教学用房仅仅700平方米，师生生活用房不足600平方米。教学装备紧缺，一般的生化、物理的教学演示都无法开展。学校食堂没有自来水，食堂操作室与用膳餐厅合而为一，师生用餐一半在屋里，一半在屋外。教工宿舍共7间，每户不足20平方米，单身教工均住集体宿舍，新分配的老师只能临时在教室里搭铺。

1976年秋，随着全国形势的好转，“文化大革命”非常时期结束。学校进入“调整、巩固、整顿、提高”新时期，学校扩展到10个初中班，4

个高中班，学生达800人，公办教工达38人。

1978年8月，余杭县实施中小学布局调整，学校由社办中学改制为全民性质的区（原县辖区）属中学，并定为余杭县高中点之一。此后每年新招初中3~4个教学班，高中2个班，办学规模渐趋稳定，教学质量也逐步提升。

1980年夏，县教育局进一步整顿办学布局，学校由区（县辖区）改制为县局属中学，同年调派了10名大专以上学历的新老师充实师资队伍，当时公办师资队伍达55人。随着国家对教育投资的增加，教学设施也逐步得到改善，理化实验室装备逐步到位，基本上能满足当时理化教材规定的课堂实验的要求。

1981年学校自筹资金9万余元，兴建教工宿舍1 178平方米，首次改善了教工住宿条件。

1982年5月，在县教育局的支持下，建立理化实验中心。同年9月，学校自筹资金18万元，新建1 688平方米综合楼，于次年11月竣工，学校的教学条件进一步获得改善。期间教学质量也有了显著提升：高考质量领先于同类学校。1982年5月，学校选送47件科技作品到县局参赛，其中有19件作品获二、三等奖。同年秋，在杭州市第十届中学生运动会上校运动员获得三金六银六铜的优异成绩。随后在参加全省第七届中学生运动会上，又获得一金一银的好成绩。

1983年秋，办学规模已达17个教学班，其中6个高中班。师资达65人，学生达780人。

二、职业高中创办期（1984—1992）

根据国家教委有关中等教育结构改革的意见，1984年上级教育行政部门实施了中等教育结构改革方案。同年9月，闲林中学与县妇联联办了首届幼儿教师专业职高班，从余杭镇幼儿园引进叶香梅老师任班主任，在全县（区）招收新生48人。当时为确保新生质量，招生时实行了中考后的四项面试，即普通话、绘画、音乐和舞蹈基础技能测试，择优录取。

1985年9月，学校与劳动局联办首届电工专业职高班，招生48人。与此同时，学校面对专业师资短缺的现状，采取外校调配、本校培训、校外聘请和专业师资引进的途径，逐步解决专业师资短缺的困境。在专业教学装备设施上，则因陋就简，自力更生，改造普高现有装备，同时增添了一些必需的专业教学装备。期间，购置钢琴3架，风琴26架，建造简易琴房30间，筹建简易电子、电工实验操作室各1间。学校一方面积极争取上级教育行政部门的支持和拨款，另一方面努力自筹资金，大力改善办学条件。

20世纪80年代职高招生形势很好，初中毕业生要求升入职高求学十分踊跃。面对“职高热”的大好形势，学校于1986年后，逐步扩展了商业贸易、农村电工、广告工艺、电子仪表、家用电器、建筑材料·水泥等专业。

1992年6月，闲林中学职业高中班级达8个专业9个班级，初中九年制义务教育也达9个班级，学生810名，教职工达63人。同年9月，根据县教育局的部署，确定学校为完全职业高中建制，九年制义务教育移交闲林镇人民政府办学，学校更名为“余杭县闲林职业高级中学”。

三、职业高中发展期（1992年至今）

自1992年确定为完全职业高中后，随着国家职业教育改革和发展的深入，学校职业教育步入稳步发展期，通过努力奋斗，每年均上新台阶。

1993年9月，学校开始实行校长负责制，校党支部认真监督、保证党和国家教育方针的贯彻和落实，教育工会、教代会积极参政议政。校长、党支部、教代会各司其职，民主管理学校的体制架构正式确立。学校为优化管理机制，对传统管理机制着手改革，着重推出“校长负责制”“教职工聘任制”“校内结构工资制”改革措施。

领导班子带领全校师生“合力拼搏，务实争先”，学校逐步形成了“奋发求实，团结敬业”的校风。1994年7月，学校被评为市（县）首批等级学校；1995年12月，学校被评为市（县）文明单位；同年10月，校办厂被省计委评为校办厂骨干企业；1996年10月，学校被省教委评定为省示范性职业学校；同年12月，学校被杭州市爱卫委评为卫生先进单位和市（县）绿化达标单位；1997年9月，学校经市（县）教委验收评为中学生行为规范达标学校；1998年12月，学校被市（县）综治办评为综合治理先进单位；1999年11月，经省教委验收，学校被评定为省三级重点职业高中；2000年5月，学校被评为杭州市志愿者助残先进集体。与此同时，经教代会认真讨论，通过学校加快优化师资队伍建设、加大科研力度、大力推进素质教育等一系列决议，努力实现现代化职高之目标。

至2000年8月，学校当时开设幼教、电工、电子、广电、计算机和工艺美术等6个专业，职业教育班达18个班级，学生746人。

期间，在硬件建设上，也有了长足的进步。1995年11月，市（县）教委拨款100万元，学校自筹20万元，新建了1 700平方米的教学实验楼，并于1996年7月竣工。学校自筹资金购置钢琴15架及一批民族乐器。同年，市（县）教育局又拨款40万元，添置电子电工类的教学设施，同时装备了语音室和计算机室，幼教与电子电工的主干专业教学装备已基本具备。同年学校还投资校园绿化10万元，使绿化面积达到校园面积的30%。经过持续投资，学校的教学装备和校园环境有了较大的改观。教学硬件的优化和管理水平的提升，促进了教学质量的提高。在教学质量上，持续保持着在杭州地区“争二保三”，在余杭市（县）内“争一保二”的好势头。德育工作坚持首位不动摇，育人方式坚持与时俱进，。对在校学生的行为规范教育、学雷锋活动、青年志愿者活动等均取得了明显成效。1995届音美班学生沈丽君因“八年照顾孤寡老人如一日”的先进事迹分别获得余杭市（县）、杭州市的荣誉称号，校团委被评为青年志愿者活动先进集体。

昂首阔步21世纪，办特色重点职高，促学校内涵发展。

21世纪的开端，也是学校进入快速发展的契机。随着国家教育事业的步步深入，职业教育的发展迎来又一个春天，国家对职业教育投资的不断加大和学校管理水平的不断提高，在办学规模、办学条件和办学成效上展现了明显的效果，学校又有较快的新发展。

从2001年至今，学校坚持依法治校，科学管理，提升管理水平。期间先后出台了《教职工考核制度》《教育教学工作奖励制度》《课时津贴实施方案》《教职工绩效考核方案》等，较好地调动了教职工的积极性。学校从科研兴校入手，提高教师的教育教学水平；从市场调研入手，拓展和改进专业设置；从改革入手，建立后勤服务社会化机制；积极改善办学条件。

截至2018年9月，经过半个世纪的发展，学校业已成长为杭州市余杭区教育局直属职业高中、浙江省二级中等职业学校、浙江省职业教育电子电器应用与维修实训基地学校、浙江省300所心理健康教育示范点、上海市教育科学研究院职业教育与成人教育研究所实验学校、浙江工业大学教育科学与技术学院研究生教育科研实践基地、杭州市首批“杭派教法”基地学校，先后荣获全国零犯罪学校、2017年全国“国防教育特色学校”、杭州市卫生先进单位、杭州市语言文字规范化学校、区规范化管理示范学校、区综合治理先进单位等荣誉称号。目前，学校共有42个班级，在校学生近2 000人，教职工113人。其中专任教师106人，本科学历86人，研究生学历17人，“双师型”教师比例为46.23%，专任教师中具有高级职称的教师27人。

经过全体闲职人的不懈努力，学校目前硬件设施完善，环境优美，面貌焕然一新。学校占地面积不断扩大：1993年总计为25 426.4平方米，2003年新增13 219.1平方米，2015年新增4 520.6平方米，2018年新租赁19 312.3平方米，至2018年9月，学校占地面积共计62 478.4平方米。学校建筑也不断增多。2002年，区教育局投资351万余元，新建4 742平方米的教学楼（励耘楼）。2005年，学校新建3 089平方米的食堂（鼎味馆）。2009年，教育局拨款4 500万元用于学校建设。用此笔拨款，至2012年，学校新增8 407平方米的实训楼（闲林·大学双创园）、2 570平方米的学生宿舍1号楼（西溪苑）、3 147平方米的体艺楼（行健楼）、3 323平方米的综合楼（万卷楼）和2 267平方米的行政楼（力耕楼）共计5幢楼。2015年，教育局又拨款8 000万支持学校建设。用此笔款项，学校在2017年新建4 288.52平方米的学生宿舍2号楼（双溪苑）、2 478.6平方米的学生宿舍3号楼（灵溪苑）和2 075.4平方米的学生宿舍4号楼（九溪苑）3幢学生宿舍楼，在2018年新建4 468.89平方米的特色专业用房。至此，学生住宿条件大大提高，学校各功能楼基本完备。在学校校园环境、专业办学硬件条件、师生生活配套设施各方面，学校已具备现代化办学基础，为学校今后的发展提供了保障。

学校现已初步形成文化教育、现代制造和园林艺术三大专业集群。目前开设学前教育、电子与信息技术、机电技术应用、机电设备安装与维护（电梯运行与维护）、园林技术、数字媒体技术应用6个专业。其中，学前教育专业和电子电工类专业稳定发展，特色鲜明；机电设备安装与维护（电梯运行与维护）专业、园林技术专业、数字媒体技术应用专业3个专业迅速发展，成果突出。接下去，学校还将陆续增设音乐、舞蹈表演、工艺美术、园林绿化和观光农业经营等专业。专业设置协调互补，适合于不同学生的学习选择和职业追求。

学校实施精细化管理，全面提升教育教学质量，努力提高师生幸福指数，创新人才培养模式，孕育学生绿色技能，学校工作不断实现新跨越，为社会输送了一大批具有一定创新精神、专业技能、创业能力和社会适应能力的技能型人才。学校拥有浙江省职业教育电子电器应用与维修实训基地、“闲林·大学双创园”，并租用林地将新建园林技术专业实训基地。杭州市闲林职业高级中学教育集团中共有成员50多家，包含了3个成人文化技术学校，30多家幼儿园。学校积极打造“1园·2盟·N基地”校外实训模式，与闲林街道公（民）办幼儿园共建成立了闲林职高附属幼儿园，共成立了2个专家指导委员会，成立了省内首个职成教区域联盟，加入余杭区科创园区联盟，共计有22个校外实训基地，其中2个分别为省市级优秀校外实训基地。学校以完善的实训设施为载体，实行良好的实训管理体系和运行机制，学生实训课开出率达100%。校内和校外实训基地的建设为3个专业集群提供了良好的实训场地、实训设施和行业大师指导，为学生专业技能培养和自身发展提供了有力的保障。

时至2018年，学校建校整整五十周年，已走过半个世纪。忆往昔，桃李不言，自有风雨话沧桑；看今朝，厚德载物，再续辉煌展宏图。闲林职高将抓住国家大力发展职业教育的大好机遇，以“文化统帅、特色发展、师生幸福”为办学愿景，以“守正出新、知行合一”为校训，以“办特色职业学校”为办学目标，秉承“循自然、尽其才”的办学理念，举“湿地文化”之旗，走“绿色技能”之路，以精思笃行的学风培养人才，以现代化、品质化、个性化为追求，努力将学校建设成环境优美、秩序优良、质量优等的省级特色中等职业学校。

第一篇
文化统帅

从深层次来说，优秀的组织文化环境能使教师在潜移默化中接受共同的价值理念，对学校产生认同感，从而使教师与学校真正成为一个有机的整体，形成一股强大的力量，并达到自身专业发展的目的。另外，优秀的组织文化还可以形成一种人人受重视、人人受尊重的文化氛围，这能让每一位教师在精神上得到满足和享受，也有利于实现自我价值。

第一章　学校文化建设理论

文化是一个民族生存发展的精神命脉，在人类社会进步与发展中始终担当着导向和推动的重任。随着经济的发展，以及人们消费取向的变化，文化的地位和作用日益突出和重要。尤其是在当今科技迅猛发展的新形势下，文化就意味着生产力、竞争力和凝聚力。没有文化的积极引领，没有人民精神世界的极大丰富，就没有民族精神力量的充分发挥，一个国家、一个民族就不可能屹立于世界民族之林。因此，学校文化建设就显得极其重要。

第一节　学校文化内涵解读

一、文化界定

人是一个特殊的存在。他不但是一个一般的存在，而且是一个有生命的存在；不但是一个有生命的存在，而且是一个“人”的存在。作为一个与他物相同的存在，按照自然给定的法则生存；作为一个与他物不同的存在，按照自己的方式生活。人是自己创造自己的存在。这个过程就是一个“人”的创造和文化生成的过程：人类按照自己的理想在自然界之外创造了一个新的世界。从此，这个世界就变成了“文”的世界，人也因为“文”变成了“人”。换句话说，人因为文化才创造了世界，而在创造世界的过程中成了“人”。教育的作用和意义，就是唤醒人类的文化自觉，帮助人们更好地认识自我、创造自我和实现自我。

“文化”在西方来源于拉丁文“culrura”，原指农耕及对植物的培育。自15世纪以后，逐渐引申使用，把对人的品德和能力的培养也称之为文化。文化是一个抽象概念，是对某一社会中整个生活方式的描述，包括信仰、感觉和认知模式，从而决定每个人的行为和对现实的态度。文化是由人们一代一代地传承发展的，文化与社会有着密切的关系。

广义的文化概念是指全体社会成员在长期的历史实践中，所创造并持有的生产、生活与斗争的观念和行为方式，及其所创造的物质财富和精神财富的总和。文化以价值观、思维方式、文化模式和文化圈的形式得以展现。物质文化、制度文化和精神文化都是文化的具体展开。文化的核心问题是人。有人才能创造文化。文化是人类智慧和创造力的体现。不同种族、不同民族的人创造不同的文化。人创造了文化，享受了文化，同时受约束于文化，最终要不断地改造文化。我们都是文化的创造者，又是文化的享受者和改造者。

二、学校文化

学校文化是学校教育不可或缺的重要组成部分，是学校所具有的特定的精神环境和文化氛围，它体现了一所学校的校风和精神面貌。人才培养的最高境界是营造一种文化，文化育人是教育的本质。教书育人，管理育人，服务育人，环境育人，说到底都是文化育人。“文化育人”是一个极其重要的时代教育思想，是教育的最高境界。近年来，各学校认真贯彻落实《国家中长期教育改革和发展规划纲要（2010—2020年）》，把“文化立校”作为学校发展核心战略。国内诸多学者对学校文化予以界定，本书对其归纳如下：

第一，从文化学角度看，学校文化是有空间边界的文化，是一个以自己的文化特性区别于边界之外文化的文化个体，一个自组织、自调节、具有文化目标的结构功能系统，这个系统是由具有生命存在的人们共同组成的。

第二，学校文化是学校全体成员在教育教学和管理实践中逐渐积累和共同创造生成的价值观念、思维模式、行为方式及其活动结果，其以具有特色的学校精神、学校制度和物质形态为表现形式，影响和制约着学校全体成员的思想和行为。

第三，学校文化是以学校价值观念为核心的学校生活的一整套的观念体系、制度安排、行为方式、语言符号、风俗习惯以及环境建设的有机体。学校文化的核心是学校共同的价值理念即价值观念、价值判断、价值取向。

第四，学校文化是一种组织文化，具有一般文化所固有的特征。学校文化也是一种特殊文化，具有自身特点，与其他行业文化有所不同。

第五，学校文化是学校全体成员共同创造和经营的文明、和谐、美好的生活方式，是学校核心价值观及其主导下的行为方式及其物质形态的总和。

第六，学校文化是学校群体成员秉持的价值取向和做事方式的统一体，它决定着教师的所思与所为，是教师信念的重要来源和价值基础。

第七，学校文化是一种特殊的社会文化存在形式，它涉及教育的理念、精神和宗旨等根本性问题是孕育学校气场、风气与氛围的根源，是影响教育活动质量、制约学校机构发展的内在因素，是形成各种教育关系、影响师生发展的土壤与根基。

第八，学校文化建设绝不是学校工作的某一个方面所能代替和涵盖的。它不仅涉及学校建设的显性方面，还涉及隐性方面，是显性和隐性的综合。总的来看，学校文化建设至少要考虑四个方面的内容，即学校精神文化建设、学校制度文化建设、学校群体文化建设和学校物质文化建设。在学校文化建设中，精神文化建设是核心，制度文化建设是保证，群体文化和物质文化建设是学校文化的外显和表现，四者各有侧重，互为补充、互为呼应，形成一个统一的整体，统一于学校培养和发展目标这一核心价值观[①]。

① 孟静.学校文化建设:现代学校发展的新趋向[D].济南:山东师范大学,2006.

第二节　中职学校文化概述

一、中职校园文化

校园文化是校园中全体成员在生活中共同创造和形成的稳定的思维意识、行动方式和生活态度的总和。良好的校园文化能潜移默化地陶冶学生的情操，促进学生自身素质的全面提高，并能直接地影响、改良和调节社会文化环境。在社会发展日新月异的今天，社会的不断发展对人才提出了更高的要求，中职学校发展的空间越来越小。在面临这种情况下，中职学校应构建具有时代特色、具有中职特色的校园文化，才能适应中职教育发展的趋势，从而获得更大的发展空间。

加强中职学校校园文化建设应从以下几个途径入手：以职业特色为目标建设校园文化，中职学校校园文化理念须具有时效性，在中职学校校园文化活动中融入创造性和丰富性，注重校园文化建设中的自然因素和人文因素；以企业文化为基础、以学生就业为导航目标的整合；需要进一步深化中职学校校园文化建设中的理论研究[①]。

大而言之，校园文化是指在社会先进文化的指引下，以师生活动为主体，以校园精神为底蕴，融合学校的历史、传统、风格、特色和水准，学校所有成员认真总结，精心培育，在长期的办学过程中共同创造而形成的学校特有的物质文明和精神文明的总和。它对学校精神的凝聚与发扬，对青少年的健康成长，起到重要的作用。

① 王公社.中职学校校园文化建设研究[D].咸阳：西北农林科技大学，2014.

近年来，随着我国经济的快速增长，对高素质劳动者的需求越来越旺盛。作为培养高素质技能型人才的重要机构，中等职业教育有着快速发展的机会，同时面临着生存与发展的巨大压力。面对种种有利和不利的因素，中等职业学校如何适应形势，抓住机遇，保持活力，持续发展，校园文化建设成为至关重要的因素①。

二、中职校园文化建设问题

中职校园文化建设缺乏中职特色且投入不足，构建校园文化的方法单一，校园文化的人文情境构建缺乏，校园文化建设中存在的载体建设不均衡，主体结构不全面，形式特色不鲜明②。

以杭州市的中等职业学校为例，其校园文化建设主要呈现为周边环境（高教区、住宅区、工业区）束缚较大，“新校区”现象（办学条件、学习风气、文化内涵）、“专业特色”现象、职校“普通化”现象（套用普通教育的校园文化建设）明显③。

虽然，近年来政府加大了校园硬件实施的投入，但根本问题短时间内无法彻底解决。

三、中职校园文化载体路径

中职校园文化建设的载体研究主要有以下几种：

第一，中职学校校园文化建设应该凸显具有中职教育特色的企业文化、职业文化、地方文化等，发挥中职校园文化的独特优势，增强中职学生的竞争力④。

---

① 朱培军. 中等职业学校校园文化建设研究[D]. 石家庄市：河北师范大学，2013.

② 严凌锋. 中职校园文化建设存在的问题、对策与实践[J]. 职业，2014(2)：24-25.

③ 朱嘉琪. 中职校园文化研究[D]. 杭州：浙江工业大学，2009.

④ 孙立新，齐平均. 中等职业学校校园文化建设应凸显“三个特色”[J]. 中国职工教育，2014(4)：122-123.

中职学校可以从以下七个方面大力培养学生：

①文化基础；

②专业基础；

③专业技能；

④职业道德；

⑤人才类型塑造；

⑥就业创业。

第二，结合中等职业学校的长期文化实践，狠抓校园文化建设[①]。

可以从以下十个方面做出努力：

①校训；

②师德；

③学生管理；

④技能；

⑤行政执行力；

⑥校企合作；

⑦文明礼仪；

⑧社团组织；

⑨持续发展；

⑩民族团结。

第三，具体包括物质文化载体、活动文化载体、制度文化载体和精神文化载体。其建设的主要路径如下：

①建立真实完备的校史档案；

②打造具职校特色的校园环境；

③制定融入企业文化的管理制度；

④设计切合本校实际的语言符号；

⑤实施渗透德育和职业指导的课堂教学；

① 郭宗昌.浅论中职校园文化建设的十大抓手[J].当代职业教育,2012(9):69-72.

⑥开设强调实践体验的校园文化活动。

具体参见表1-1-2-1[①]。

表1-1-2-1　中职校园文化建设路径

内容类别	主要内容	主要特点	主要价值意义
校史档案	学习发展变革 校园精神沿袭 教学管理记录	真实 完备 权威	德育导向 人文关怀
校园环境	基础设施 绿化美化 楼道布置	直观感受 隐性熏陶	美育娱情 职业指导
管理制度	规则制度 行为准则	规范性 权威性 强制性	规范约束 德育导向
语言符号	校歌 校标 校训 标语口号	语言简练 含义丰富	规范约束 德育导向 美育娱情
课堂教学	三观教育 行业信息 从业指导	方式灵活 渗透性强	德育导向 职业指导
文化活动	美化活动 宣传活动 文体活动 社会实践活动	生动活泼 寓教于乐 实践体验	人文关怀 德育导向 职业指导 美育娱情

① 李琳. 中等职业学校校园文化载体建设研究[D]. 金华：浙江师范大学，2013.

第三节　西溪湿地文化概述

湿地、森林、海洋并称全球三大生态系统。千百年来，湿地以其特有的美学、教育、文化等功能，成为人类音乐、美术和文学的创作源泉，形成了特有的湿地环境和人文理念。湿地在孕育生命的同时，成为人类心灵和情感的寄托场所，在漫长的自然变迁中孕育出灿烂的湿地文明。笔者所管理的中职学校文化建设与西溪湿地文化建设关系密切，故在此概述一下西溪湿地文化。

西溪国家湿地公园，距离杭州西湖5千米，在杭州天目山路延伸段，是罕见的城中次生湿地。这里生态资源丰富、自然景观质朴、文化积淀深厚，曾与西湖、西泠并称杭州“三西”，是目前国内第一个也是唯一的集城市湿地、农耕湿地、文化湿地于一体的国家湿地公园。

杭州西溪湿地历经了汉晋始起、唐宋发展、明清全盛、民国衰落等四个演变阶段，在长达西溪国家湿地公园1 800年的人为干预和自然演化中，西溪湿地从原始的原生态湿地演变为次生态湿地。

西溪湿地的基本格局是“鱼塘—塘基—洲渚—溪流—农家”。其地域广达10平方千米，总体格局上显得平远空阔。然而由于其有众多河塘，河港纵横交错，鱼塘接踵相连，水网密布，溪流浅狭，加上“千顷寒芦一溪水”的苍茫，使之空阔中带有曲折迷离的色彩。泥岸错杂，舟径万变，犹如水上迷宫。常常水路欲尽，却又柳暗花明，横出溪港。因此，该湿地颇为耐人寻味，给人以无穷的乐趣与人生的启迪。

西溪湿地原始、自然、平淡、天真。西溪湿地是自然主义的，而非概念化、类型化的自然山水，它反应的是和谐生动的自然形象，这里既没有惊人的自然奇观，也没有矫揉造作兼具繁琐的人工雕琢痕迹，更无需奇思异想，一切都显得那么简单而随性，追求从极平淡质朴的形象意境中所表达出的美。

西溪之胜，独在于水。西溪之水无所不在，萦绕不尽而曲折深远，园区约70%的面积为河港、池塘、湖漾、沼泽等水域，正所谓“一曲溪流一曲烟”，整个园区六条河流纵横交汇，其间分布着众多的港汊和鱼鳞状鱼塘，形成了“水在村中，村在水中，人水交映，变幻无穷”的西溪水乡风情。

西溪之重，重在生态。为加强生态保护，在湿地内设置了费家塘、虾龙滩、朝天暮漾三大生态保护区和生态恢复区。入口处设湿地科普展示馆，园区内有三个生物修复池和一块湿地生态观赏区。西溪还是鸟的天堂，园区设有多处观鸟亭，方便游客观赏群鸟欢飞的壮丽景观。

西溪人文，源远流长。西溪历史悠久，文物古迹较多，历史上遗留的各类祠堂古庙、寺院、文墨诗词、雕刻碑亭等都反映并体现了杭州西溪不同历史时期的社会文化与艺术成就。还有历代留下的关于西溪的名人逸事、人文风俗、民间传说，更增加了景区独特的文化内涵。西溪风景区具有悠久的历史，人文典故颇多，历代文人墨客在这里留下了诸多诗词、字画、碑文等胜迹。如明代董其昌曾题过“茭芦庵”名字、“弹指楼开”匾额，“西溪梅竹山庄”的题词，明代张瑞图题过交芦庵“圆应堂”匾额，康熙皇帝题“竹窗”两个字，这些都构成了西溪特有的历史与文化胜迹景观。

西溪景区的景观建筑类型繁多，有祠庙、庵堂、民居、村舍、别墅、草堂、桥、亭以及御道、牌楼等。景区中深潭口村现在有保存完好的传统特色民居，这些建筑以粉墙黛瓦、木构门面、前店后居为主要特色，部分街段中还保留着河道、市井、水潭等具江南水乡特色的街肆景观。

杭州西溪湿地滋养浸润着杭州西部的土地和人民，使这里对生态的关爱和友好成为自觉，热爱自然、尊重自然、保护自然、融入自然的精神渗透到生活中，进一步凝结成平和乐观健康的心态。有诗赞曰“千顷蒹葭十里洲，溪西宜月更宜秋……黄橙红柿紫菱角，不羡人间万户侯”，便是描绘了西溪湿地人与自然和谐共生的奇妙美景。

西溪自古就是隐逸之地，被历代文人雅士视为人间净土、世外桃源。据史料记载，康熙、乾隆等帝王，苏轼、米芾、叶绍翁、唐伯虎、张岱、厉鹗、郁达夫、徐志摩等名人都曾游览过西溪，并留下不少诗文和书画作品，成为西溪文化的宝贵财富。

简言之，西溪湿地文化融竹文化、茶文化、梅文化、荷文化、水文化等于一身。

西溪湿地美景，参见图1-1-3-1至图1-1-3-2。

图1-1-3-1　西溪湿地美景(一)

图1-1-3-2　西溪湿地美景(二)

第二章　闲职学校文化建设

职业教育是开放式的教育，校长不能一天到晚只忙于学校的事务性工作，而应该把握时代发展的脉搏，多联络，常学习，勤思考，善统筹，及时将外面的信息带回学校，用自己的智慧和胸怀引领学校发展，努力营造“与人为善，成人之美”的人际环境。

第一节 校 训

基于西溪湿地文化，学校将校训确定为“守正出新、知行合一”。

一、守正出新

“守正出新”出自老子《道德经》的“以正治国，以奇用兵”，此后演化为“守正出奇”，后来又有人改“奇”为“新”，用来表达恪守正道、坚持原则，却又不固守常规，能突破思维、推陈出新的意思。“守正出新”传承自中国传统文化和智慧，是古之圣贤立身兴业、治国安邦所推崇的要领，也是我们现在所需要坚持和弘扬的精神品质。

“守正”的具体内涵可以从以下四个维度解读：

第一，守道德之正。

要尊重和传承人类社会所积累的优秀道德理念和规范，教育学生形成良好的道德认知和道德自觉，并在社会上起到引导和传播优秀道德的作用。

第二，守学问之正。

凡学问之形成，均为历代学人累加所致。学人所为，起点必是继承，我们倡导完整地继承前人成果，准确地理解前人思想，养成严谨的学风，形成扎实、优化的知识结构和技能结构。

第三，守处世之正。

为人处世当笃守正道，诚实平和，严于律己，宽以待人，善于与人合作，具有团队精神。

第四，守行事之正。

倡导勇于实践、善于实践、勤于实践的作风。扎实做事，不浮不躁。严谨行事，一丝不苟。

“出新”是旧有的事物得到新的发展，旨在于创新求变。中华民族五千多年的文明之所以能够源远流长、经久不衰，其根本原因也正是创新精神已经深深根植于我们的民族之魂。

《礼记》中有“苟日新，日日新，又日新”的说法，告诉人们每天都要讲求创新，不断发展进步。

荀子的“青，取之于蓝而青于蓝”，旨在通过“青”“蓝”的对比，突出创新求变之后事物的发展。

刘禹锡的“以不息为体，以日新为道”，说的是要以坚持追求作为本体，以每天创新作为途径。

徐悲鸿的“道在日新，艺亦须日新，新者生机也，不新则死”，更是一针见血地指出了能否创新涉及生死存亡，让人不得不引起重视。

二、知行合一

《尚书》中有“非知之艰，行之惟艰”之说。

《左传》中有“非知之实难，将在行之”之说。

明代王守仁在贵阳文明书院讲学，首次提出了“知行合一”说。

王守仁的“知行合一”思想包括以下两层意思：

其一，知中有行，行中有知；

其二，以知为行，知决定行。

中国哲学史上对知和行的关系曾有许多不同的观点。

如，荀子认为“知明而行无过，知之不若行之”。

再如，朱熹认为“知行相须，知先行重”。

笔者所提的“知行合一”可以理解为“以知促行，以行促知”。

第二节 校 风

基于西溪湿地文化，笔者管理学校时将校风确定为“品清、行正、志雅、心善”。

一、品清

在湿地文化中荷花文化是其一个重要组成部分。西溪洪园“东关荷塘”名闻遐迩。

“荷”与“和”“合”谐音，“莲”与“联”“连”谐音。中华传统文化中，经常以荷花即莲花作为和平、和谐、合作、合力、团结、联合等的象征。以荷花的高洁，可以象征和平事业、和谐世界。

“品清”主要提炼于荷花“出淤泥而不染，濯清涟而不妖”的高尚品质。

二、行正

渔文化是西溪湿地文化中较为鲜明的组成部分。随着人类对鱼类习性和捕捞技术的了解，从简单到逐渐复杂的生产中，渔文化的积累和发展随之而来。“鱼水和谐”是大自然生态协调的方式，更是渔文化的精神实质。西溪的渔樵耕牧者，生于斯、长于斯，世代靠西溪山水、万物众生养育。他们对朝夕相处的自然万物有着深厚的感情，他们热爱自己的山水、田园、鱼塘、林木、花草、虫鸟，并知其习性，任其生长，不愿对其有所不敬，更不会横加干涉。

心正则行正，行正则心安，心安则能成事。“授之于渔”是智者之举，“行正”校风的提出正是基于“渔”的方法之说。成功的定义有很多种，每个人做事都渴望成功，从开始做事的那一刻起，这种信念就一直相伴左右，片刻不离。但无论我们对成功怀有怎样的渴求，真正能够被人尊重，于己问心无愧的成功，都有一个大前提，那就是一个字：正。真正的成功之路充满险阻且漫长，只有脚踏实地，堂堂正正，清清白白，一步一个脚印走下去，对大多数人来说没有捷径可走。

三、志雅

西溪的地理特色是湿地景观，当中雅文化非常有名，西溪的“秋雪八景”“曲水八景”等众多景点，吸引了众多文人雅士赏景、栖居、耕读、唱和，视其为世外桃源。

西溪湿地的山水环境清高淡雅，幽致出俗。明末山阴人张岱曾言：“欲寻深溪盘谷，可以避世如桃源、菊水者，当以西溪为最。”它地处乡野，又曲水环绕，非舟莫入，人迹罕至，故与市井有隔，尘嚣不到，机心不起，人事简约，民风淳朴。

“志雅”就是基于湿地文化中的“文雅、高雅”而提出的。

四、心善

水文化是西溪湿地文化的重要组成部分。水是生命之源，万千生物因水而生，择水而居，正是缘于水在生命存在和发展中的重要作用，作为地球三大生态系统（湿地、森林、海洋）的湿地拥有孕育多种生命的巨大潜能，因而被誉为“生命的摇篮”“物种的基因库”①。

善是客体具体事物的完好运动组成状态，是价值和意识的具体存在和表现形式之一，是和负价值、负意识相互对立的正价值、正意识，是和

① 王肖刚，刘坤良，欧阳峰．印象·西溪[J]．园林，2014(9)：17-19.

恶对立的相对抽象事物或元实体。《道德经》曰："上善若水，水善利万物而不争。处众人之所恶，故几于道。居，善地；心，善渊；与，善仁；言，善信；政，善治；事，善能；动，善时。夫唯不争，故无尤。"在湿地生态系统中，善字体现在生活在湿地的人类活动之中。

基于湿地文化，心善指学校在育人过程中，以育心、扬善为目的，用意在于鼓励学生形成如水般的心境。

第三节　教　风

基于西溪湿地文化，学校将教风确定为“包容、润泽”。

一、包容

“包容”，字面意思是宽容、容纳。

西溪湿地以博大的胸怀接纳了一切，“草木有情皆长养，乾坤无地不包容”是对湿地包容文化的最好写照。

基于西溪湿地的包容精神，学校对“包容”进一步升华：

①包容是一种境界，学会包容的人，就学会了生活；

②懂得包容的人，就懂得快乐；

③包容是一种精神的凝聚，是一种善良的结晶，是人性至善至美的沉淀。

二、润泽

湿地与森林、海洋并称为地球上三大生态系统，在抵御洪水、调节气候、涵养水源、降解污染物、应对气候变化、维护全球碳循环和保护生物多样性等方面，发挥着不可替代的重要作用，被誉为“地球之肾”“物种宝库”“储碳库”。西溪湿地以独有的方式润泽着其所容纳的一切生灵。

“润泽”一词有三种解释：

其一，雨露滋润，鲜润不枯；

其二，施恩；

其三，修饰。

学校确定的教风“润泽”包括以上三种含义。

第四节　学　风

基于西溪湿地文化，学校将学风确定为“精思、笃行”。

一、精思

《论衡·超奇》曰：“能精思著文连结篇章者为鸿儒。”《后汉书·张衡传》曰：“衡乃拟班固《两都》作《二京赋》，因以讽谏。精思傅会，十年乃成。”《新唐书·虞世南传》曰：“与兄世基同受学于吴顾野王十余年，精思不懈，至累旬不盥栉。”裘廷梁《论白话为维新之本》曰：“今用白话，不恃熟读，而恃精思。”

“精思”是精心思考之意，意在学生能够认认真真地对待所学知识，仔仔细细地加以践行。

二、笃行

《礼记·中庸》中说：“博学之，审问之，慎思之，明辨之，笃行之。有弗学，学之弗能，弗措也。有弗问，问之弗知，弗措也。有弗思，思之弗得，弗措也。有弗辨，辨之弗明，弗措也。有弗行，行之弗笃，弗措也。人一能之，己百之；人十能之，己千之。果能此道矣，虽愚必明，虽柔必强。”

“笃行”有切实履行、专心实行之意，可以进一步解释为“踏踏实实，一心一意，坚持不懈”之意。

第五节　办学理念

基于西溪湿地文化，学校将办学理念确定为“循自然、尽其才”。

一、循自然

千百年来，人们依据西溪山水的特性，尊重自然、顺应自然、道法自然，巧妙地强化了其独特的湿地文化品质。

西溪湿地彰显了“万物一体，天人合一”的哲学品质。“人法地，地法天，天法道，道法自然”，人与大自然实为一体，认识自然，敬畏自然，顺应自然，仰仗自然，才能更好地生存。

“循自然”，基于西溪湿地文化而提出，旨在办学过程中坚持“不勉强、不局促、不呆板”的自然办理理念。

二、尽其才

西溪湿地山水间万物竞发，“各遂其生，各顺其性”，“万类霜天竞自由”，芦白梅红，鸢飞鱼跃，生机蓬勃。西溪湿地除出茶、竹、梅之外，还有60余种植物。不知名的野花野草野果野蔬，随处可见。

“尽其才”，基于西溪湿地植物文化而提出，旨在要求每个在校学生都可以充分发挥自己的所有才华。

第六节　校　歌

校歌《梦想起航》，歌词唱到“绵绵西溪风吹在脸上，梦想未来城围绕身旁”，“严谨的学风春风里荡漾，行知合一勤耕耘积蓄力量”，激励师生共同奋斗，创造美好未来。

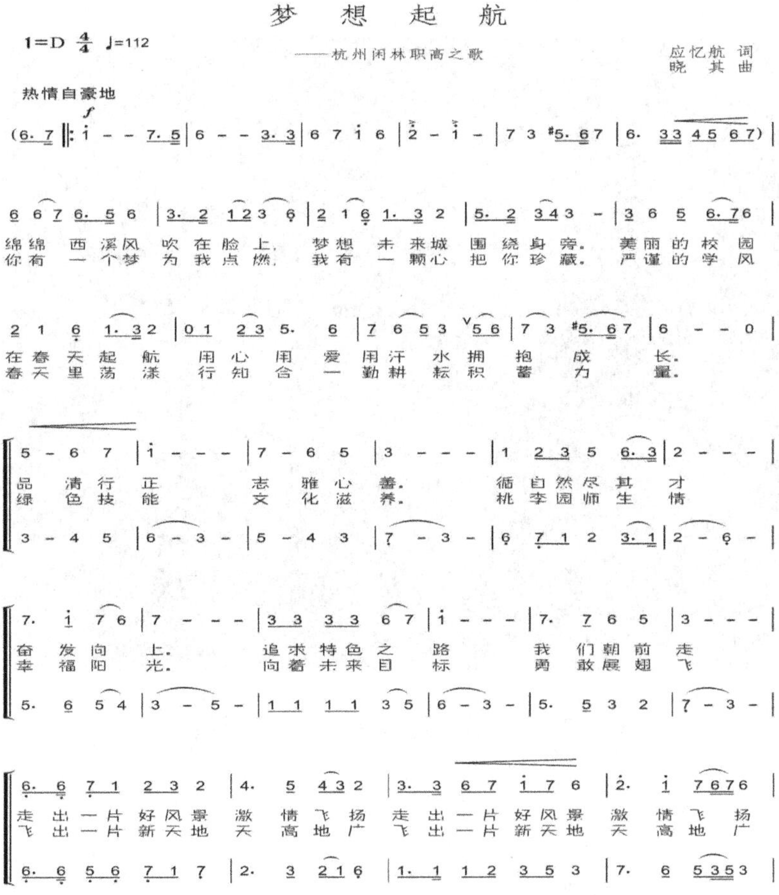

梦　想　起　航

——杭州闲林职高之歌

1=D $\frac{4}{4}$ ♩=112

应忆航 词
晓　其 曲

热情自豪地

绵绵 西溪风 吹在脸上， 梦想 未来城 围绕身旁。 美丽的校园
你有 一个梦 为我点燃， 我有 一颗心 把你珍藏。 严谨的学风

在春天起航 用心用爱用汗水拥抱成长。
春天里荡漾 行知合一勤耕耘积蓄力量。

品清行正 志雅心善。 循自然尽其才
绿色技能 文化滋养。 桃李园师生情

奋发向上。 追求特色之路 我们朝前走
幸福阳光。 向着未来目标 勇敢展翅飞

走出一片好风景 激情飞扬 走出一片好风景 激情飞扬
飞出一片新天地 天高地广 飞出一片新天地 天高地广

第七节　环　境

围绕湿地文化之内涵，笔者所在的学校对校园环境进行了升级与改造。如今，校园处处可见美景。

参见图1-2-7-1至图1-2-7-3。

图1-2-7-1　闲林职高校园美景览胜(一)

图1-2-7-2 闲林职高校园美景览胜(二)

图1-2-7-3 闲林职高校园美景览胜(三)

第八节　课　程

围绕西溪湿地文化，学校组织教师开发校本教材。拟开发的校本教材涉及三大类十三小类三十多种，详见表1-2-8-1。

当中，《中国茶经故事》以讲故事的形式对《茶经》这部经典茶学著作进行解读，从起源故事到史料传说，从采制过程到茶人轶事，从访山寻茶到择水备饮……让茶学经典活起来，让孩子们获得习茶的幸福和文化的自信。

表1-2-8-1　闲林职高湿地文化校本教材拟开发目录

大类	小类	校本教材名称
园林艺术类	环境艺术设计	《西溪湿地环境艺术赏析》 《湿地公园的景廊设计》 《庭院微型湿地设计》
	插花艺术与设计	《插花设计与实践》
	园林绿地管理	《庭院式湿地日常管理实务》 《城市湿地公园规划与管理》
	园林技术	《数字化园林》 《园林灌溉技术》 《园林艺术修剪》

续表

大类	小类	校本教材名称
文化教育类	自然教育理念	《自然课堂理念》 《与自然对话》
	文化教学	《西溪湿地的节日》 《西溪湿地的故事》 《湿地文学赏析》
	学前教育	《湿地音乐赏析》 《湿地舞剧赏析》 《湿地摄影》 《湿地故事讲读》 《西溪湿地的柿子》(美术) 《湿地书法》(美术)
	教学课程	《中国茶经故事》 《湿地诗词赏析》 《湿地与数学》 《中外湿地文化辨析》
	德育	《西溪湿地的名人趣事》
	体育	《洪园·龙舟运动》

续表

大类	小类	校本教材名称
现代制造类	绿色节能技术	《电梯运行与维护》 《电梯能源与能耗》 《电子电器》 《电子与信息》
	影视制作与管理	《西溪湿地民俗活动影片录制》 《西溪湿地经典故事动漫设计与制作》
	网页设计与开发	《西溪湿地个性化网页设计与制作》

第二篇

特色发展

办好专业是职业教育的生命线，专业建设是职业学校的立校之本。特色专业打造必须符合市场规律，具有广阔的市场需求和生命力，能为学生一生的事业发展夯实基础。这是职业学校要做好的第一要事，我们的职业教育必须切实为社会服务。

第三章　学校特色发展理论

要想全面地理解“特色”两字的内涵，应该考虑事物的外在形式和内在价值两个方面。从外在形式来看，“特色”就是指事物的特殊性，即人无我有；从内在价值上分析，“特色”则意味着事物的优异性，即人有我强，人强我优。如果将“特色”与具体的事物联系到一起，就会让该事物变得与众不同而备受人们的关注，如发展特色、文化特色、学校特色、特色资源、特色教学等。

第一节　学校特色的核心内涵

“特色”一词，指一个事物显著区别于其他事物的风格、形式，是由事物赖以产生和发展的特定环境因素决定的，是其所独有的。

学者对“学校特色”各有界定，梳理结果详见表2-3-1-1。

表2-3-1-1　“学校特色”相关界定一览

学者	“学校特色”界定表述	出处
邢真	是学校在长期的教育实践活动过程中所形成的独特的办学风貌或教育风格	学校特色建设理论的探讨[J]. 中国教育学刊,1995(5).
孙孔懿	是办学主体刻意追求逐步实现的学校工作某一方面特别优于其他方面、也特别优于其他学校的独特而稳定的品质	学校特色的内涵与本源[J]. 教育导刊,1997(2).
吴秀娟	一般是指一所学校在全面育人工作中所选择的重点,或是把已出现的某种经验特色通过深化积累,逐步形成某种富有个性的强项或优势	关于学校各自办出特色的哲学思考[J]. 教育导刊,1998(8).
王伟	是学校基于自身的历史传统和实际情况,在长期办学实践中逐渐形成的一种区别于其他同类学校的独特优质而且相对稳定的办学气质和办学风格	学校特色发展:内涵、条件、问题与途径[J]. 中国教育学刊,2009(6).

续表

学者	“学校特色”界定表述	出处
李永婷	是一个学校在长期教育实践过程中形成的独特办学风格和学校风貌	学校特色化长久发展策略解读[J].现代中小学教育，2014(7).
范涌峰 宋乃庆	是学校根据对内部实际情况和外部环境变化的适应，对区域、学校资源进行挖掘或重组利用，使学校形成特定领域独特风格或优势的过程。它以学校质量改进为根本目的，以特色课程体系为核心支撑，以学校文化为价值前提和沉淀形式，以组织管理为基本保障	学校特色发展：内涵、价值及观测要点[J].教育研究与实验，2017(2).
石中英	是指一所学校的个性、独特性	学校特色发展下一步怎么走[J].人民教育，2017(17).

笔者认为，要想全面理解“特色”两字的内涵，应该考虑事物的外在形式和内在价值两个方面：

从外在形式来看，“特色”就是指事物的特殊性，即人无我有；

从内在价值上分析，“特色”则意味着事物的优异性，即人有我强，人强我优。

如果将“特色”与具体的事物联系到一起，就会让该事物变得与众不同而备受人们的关注，如发展特色、文化特色、学校特色、特色资源、特色教学。

第二节　学校特色的构成要素

学者邢真认为，学校特色的构成要素主要有学校特色的主题思想、学校教育行为方式和学校环境氛围。

①学校特色的主题思想，也可简称为主题，它是以校长为代表的学校教育思想在办学过程中的集中体现。

学校特色的主题决定着对学校教育形式和结构的选择，它体现并决定着学校教育活动的主旋律。

②学校教育行为方式，主要是指在学校教育实践活动中，占主导地位的教育行为方式。这是学校特色主题的外显形式，是学校特色的躯干。

它包括以下方式：

第一，选择教育目标的方式；

第二，调整教育内容的方式；

第三，确定教育途径的方式；

第四，筛选教育手段和方法的方式；

第五，沟通学校人际交往（首先是师生交往）的方式；

第六，运用奖惩的方式；

第七，处理信息的方式；

第八，整合优化各教育要素关系的方式。

③学校环境氛围，主要指学校的自然环境和社会人文环境、学校教育舆论的主导倾向、学校人际交往的心理氛围等。学校所处的自然环境和社会人文环境是学校特色赖以生存与发展的土壤[①]。

① 邢真.学校特色建设理论的探讨[J].中国教育学刊，1995(5)：31-34.

第三节　学校特色的构建条件

学者王伟认为，学校与社会、学校与学校、学校与自身三个方面的关系状态与学校特色发展密切相关，它们分别从外部、中间和内部形成了学校特色发展的三重结构，也是学校特色发展的三重前提。学校特色发展的三重结构参见图2-3-3-1。

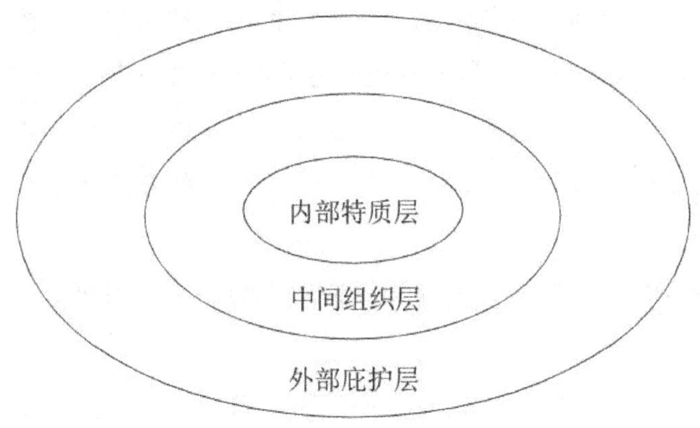

图2-3-3-1　学校特色发展的三重结构

①学校特色发展的外部庇护层，是由社会政治经济制度形成的外部制度环境，主要反映学校教育与社会其他领域的关系。

它具体包括两种关系：

一是教育与政治、经济、文化的关系，它规定了教育是独立还是依附的存在状态；

二是学校与政府、市场、社会（社区）的关系，它规定了学校办学的三个方面——学校办学的价值取向、学校办学的自主权、学校办学资源的来源。

②学校特色发展的中间组织层，是学校根据实际所形成的独特组织模式，它主要反映学校与其他同类学校之间的生存状况。

③学校特色发展的内部特质层，是在办学过程中由学校主体（校长、教师、学生）的特色意识、权利空间、个性状态与行为状态所形成的内在品质，它主要反映学校与自身的关系[①]。

学者江文高认为，任何一所学校特色的形成都必须在特定的条件下自主创建，这特定的条件主要包括六个方面，即校长的个性风格、学生的素质特征、教师的能力特长、学校的优良校风、社会及家长的需要和科研的支撑[②]。

第一，校长在创建特色学校中起主导作用，校长带领全校教职工转变教育思想和观念，端正办学思想是创建学校特色的关键。

第二，在学校教育过程中，学生是教育的主体，学校特色既是在学校努力开发学生潜能的过程中产生的，又以学生的素质特征为物化形态体现。

第三，没有一支教书育人且有特长的教师队伍，创建学校特色就是一句空话。

第四，特色学校的创建只有在一定物质条件的基础上，以独特优良的校风为标识，其特色才能形成。

第五，一所学校具有什么样的特色，能否建设出自身特色，除了内部条件外，还与社会需求、家长理解息息相关。

第六，学校特色建设是一种创造性实践，必须以教育科研为先导。

① 王伟.学校特色发展:内涵、条件、问题与途径[J].中国教育学刊,2009(6):31-34.

② 江文高.创建学校特色的条件分析[J].江西教育科研,2003(3):21.

第四节 学校特色建设的策略

符太胜和严仲连两位学者认为，学校特色发展是一种实践活动，也是一种价值追求，面临多种价值取向的冲突和复杂的教育情境，有被异化的危险[①]。

学者杨九俊认为，学校特色建设要遵循教育的基本规律，认识学校的文化传统，认识风土文化，认识学校的个体性特征，以核心价值观为传统，以制度创新为抓手，以课程教学改革为重心，以新型交往关系为纽带，“基于学校”，“通过学校”，“为了学校”，走校本发展之路[②]。

学者陈建华认为，创建学校特色必须注意四项原则：

第一，发展学校特色必须以学校教育哲学为指导；

第二，学校特色必须符合教育方针和教育目的；

第三，学校特色必须反映教育公平；

第四，学校特色必须渗透到学校生活之中[③]。

学者张菊荣认为，“整合”是特色学校建设的策略选择，运用“整合”策略可以实现高效低耗，追求最优品质，具体整合过程中应坚持以“文化”为内核，以“特色”为焦点，以“发展”为归宿，特色学校建设中整合策略的运用，应贯穿在特色学校建设与学校整体发展的全过程[④]。

学者徐炳嵘认为，文化浸润着社会的每一个角落，穿越一个个世

---

① 符太胜，严仲连．学校特色发展实践的不合理性与对策——基于Y省学校特色发展实践的调研[J]．中国教育学刊，2014(6)：38–43.

② 杨九俊．学校特色建设："寻找属于自己的句子"[J]．教育研究，2013(10)：29–36.

③ 陈建华．论学校特色的内涵及其创建原则[J]．教育科学研究，2006(8)：15–17，21.

④ 张菊荣．整合：特色学校建设的策略选择[J]．江苏教育研究，2010(10)：27–29.

纪，影响一代代人，教育是对文化的传递与延续，在文化浸润中建设特色学校，无疑是一种重要的策略[①]。

曲天立、梁惠娟两位学者认为，学校特色的建设必须更多地加入教育价值与意义关怀的特色精神，增加“真实性、卓越性和超越性”的个性特点[②]。

笔者认为，以上学者所述学校特色建设的策略，可以充分与中职学校的实际情况相结合，探索出中职学校特色建设的具体策略。

① 徐炳嵘.文化浸润：特色学校建设的一种策略[J].江苏教育研究，2008(12)：60-61.

② 曲天立，梁惠娟.学校特色建设相关问题的思考[J].教学与管理，2014(13)：17-19.

第四章　闲职学校特色建设

学校特色是一所学校整体的办学思路或者在各项工作中表现出的与众不同之处。特色是学校积极的、进取的个性表现，一个学校的特色使之区别于别的学校。笔者所管理的学校，是中职学校，抓住“中职”的特点，才能打造出中职学校特色。下面以笔者的管理实践为例，总结经验，探讨具体策略。

第一节 法治教育

一、教育依据

“法治”是当今中国政治、经济、文化、社会乃至生态建设等各领域的关键词。当前，杭州市余杭区正全面吹响“美丽余杭”建设冲锋号，这涉及方方面面的建设，其中“法治”是确保各项工作得以落实的重要保障。

作为一所服务于余杭当地经济发展的中等职业学校，我们始终坚持育人为本、德育为先，围绕立德树人的根本任务，将德育和法治教育融入学校教育教学、服务管理的各个环节，形成课堂教学、社会实践、顶岗实习、校园文化多位一体的育人平台。

二、实施基础

(一)充分挖掘西溪湿地文化,做好顶层设计

根据《浙江省中等职业教育“十三五”发展规划》等文件精神，充分挖掘西溪湿地文化。从湿地文化中学校提炼出“循自然、尽其才”的办学理念，这为学校的各项教育教学活动奠定了基调。

(二)以践行办学理念为依托,理清推进思路

师生幸福一直是学校办学的追求。近年在“幸福在手”育人理念指引下，全校师生更是撸起袖子加油干。

老师在追逐幸福的过程中，严格按照各项规章制度传道授业解惑，不断提升自身的业务水平；学生在追逐幸福的过程中，严格遵守学校的各项管理制度，不仅习得了专业技能，更是提升了自身的职业素养，逐渐成为一名合格的公民、合格的职业人。

这种幸福源于教师对职业的认同感，学生对学业的成就感，源于校园的和谐氛围。

（三）以确立办学目标为动力，落实各项措施

学校以“文化统帅、特色发展、师生幸福”为办学愿景，将办学目标确定为：

以省一级职高办学条件为标准，以改革促发展、以质量求生存，进行软硬件的建设和提升，将学校建设成为环境优美、秩序优良、质量优等的具有办学特色的职业高中。

为此，学校完善各项管理制度，严格遵守各项法律法规，有序推进教育教学活动，从而提升学校的办学质量。

三、整体思路

在推进法治教育的过程中，一方面是向学生普及和宣传法律常识，让每位学生不断提高和增强学法、知法、懂法、守法的自觉性，增强法律常识，杜绝各种违法乱纪的行为；另一方面，学校根据中职学校和中职学生的特点，在学校湿地文化的引领下，确定了“品清、行正、志雅、心善”的校风，将法治教育与育人目标紧紧契合在一起。

以上这两个方面，层层递进，环环相扣，将法治教育融入日常的德育管理中，润物细无声，将学法、知法、懂法、守法内化为学生的品德修养，从源头上预防和遏制了违法犯罪的发生，帮助学生今天健康成长、明天体面就业、将来幸福人生。

四、工作路径

（一）健全制度建设，加强组织领导

为了深入学习宣传习近平总书记关于全面依法治国的重要论述，学习宣传以宪法为核心的中国特色社会主义法律体系，着力推进青少年法治宣传教育，深入贯彻落实《中共中央国务院关于进一步加强和改进未成年人思想道德建设的若干意见》《中华人民共和国预防未成年人犯罪法》《中华人民共和国未成年人保护法》以及党的十八大、十八届四中全会精神，全面落实普法教育活动，学校成立了杭州市闲林职业高级中学“创建全国零犯罪学校”领导小组，由校长、书记担任组长，由三位副校长、办公室主任、政教处主任、教务主任、总务主任、实训处主任、教科室主任、安保处主任、团委书记、三个年级组长及德育学科教研组组长等19人为成员。领导小组成员负责创建期间各项活动的安排与协调，各班班主任为班级创建工作的相关负责人。

与此同时，根据《中央社会治安综合治理委员会关于进一步加强预防青少年违法犯罪工作的意见》的精神，与辖区派出所实行警校联动、警校共建，聘请该所教导员担任学校法治副校长，聘请法律专业工作者余杭区法院余杭法庭助理审判员担任学校法治副校长，两位法治副校长负责协助、指导学校开展治安综合治理和法治教育等工作。除普及法律知识外，重点对有不良行为的学生进行帮教和协助解决整治学校周边地区的治安环境问题，使学校的德育工作特别是法治教育工作有了新的提升。

近年来，学校把加强对学生的法治教育、预防学生违法犯罪工作纳入课堂教学、德育活动、文明礼仪教育、中学生日常行为规范教育等规划、计划之中，从“七五”普法开始，广泛动员教师、学生家长和组织本校能组织到的社会力量，开展各类法治教育工作，实现学校、家庭、社会“三位一体”，从思想上提升学生的法治意识，从源头上遏制学生违法犯

罪的增长势头。学校每学期的各类工作计划、规划都要制定法治教育的相关内容，保证此项工作的扎实推进。在日常的学校工作中，我们将法治教育工作与其他工作计划措施同筹划、同部署、同检查、同总结，确实收到了事半功倍的效果。

（二）整体法治教育，突出五个同步

推进法治教育工作，学校制定了一系列行之有效的措施，进行了不懈的努力，积累了一些经验，突出表现在“五个同步”，参见图2-4-1-1。

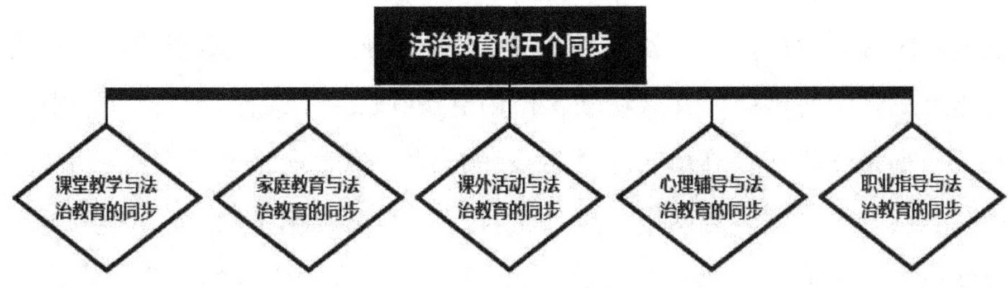

图2-4-1-1　法治教育的“五个同步”

第一，开展法治课堂教学，建立法治教育阵地。

中职教育德育课教学大纲中，中职生有一门必修课“职业道德与法律”，我们通过德育课，要求全体德育课教师将这门学科作为重中之重进行教授，一般在高一年级下学期和高二年级上学期进行每周两节课授课，两学期均进行期中期末考试，所有学生均较为系统地学习了法律知识。在其他文化课、专业课学科的教学中，在教学目标的“情感、态度和价值观”目标上，尽可能涉及法治教育的相关内容，做到所有学科教学有德育渗透内容；在德育渗透项目上，始终有法治教育的相关内容，充分发挥课堂教学在法治教育的主渠道作用，成为法治教育的主阵地。

实施“一事一议”的主题班会课制度，发挥班会课主要德育阵地的作用，这是我们多年来坚持的行之有效的教育方法。法治教育方面主要是针对学生中存在的一些违规违纪行为和社会上能听到的某些不良现象，根据相关法律法规和学校相关规章制度，开展师生间、学生间的讨论、辩论、知识问答、演讲等，让学生在课堂上充分发表看法，进行思想碰撞，最后再由骨干学生或是班主任老师从中归纳、引导，摆事实、讲道理，帮助学生理解法律精神，明辨是非。

第二，指导家长家庭教育，法治教育家校联合。

重视家长学校的指导质量，发挥家庭教育在法治教育中的作用。家长学校是密切家庭与学校联系的一条有效途径，更是系统地开展家庭教育、法治教育、道德教育指导，提高家长家教能力和家教质量，树立正确成才观的有效途径。法治教育有了家长的支持配合，往往事半功倍，家长树立遵纪守法的榜样，其潜移默化作用更是胜过一切说教。为此我们把办好每一期家长学校摆在学校工作的突出地位，建立与完善了学校、家庭、社会三结合的法治教育网络，坚持实行“家校联系制度”，充分利用《家校联系孝心手册》，记录学生的在家表现，及时肯定学生的进步表现，学生得到及时鼓励后进步更加明显。

第三，拓宽课外活动途径，丰富法治教育内容。

校外，和杭州市西郊监狱紧密联系，成为西郊监狱的法治教育基地，聘请干警来校做针对性的警示讲座。对每年一次的新生军训，学校都非常重视，全体新生赴军训基地，期间开展“约束行为，遵纪守法”闲林职高法治教育第一课，懂得做闲林职高的“阳光学子”必须“刚健勇敢而不鲁莽，青春激情而有约束”，从部队教官的严格训练中，学生学到了规则意识，回校后加以强化，它将成为法治意识的雏形，同时学习了不少的军事、国防方面的法律知识，养成了约束行为、刻苦耐劳、艰苦奋斗的精神。

校内，一方面，每学期根据学校德育工作方面的计划，经常请法院、派出所、交警和律师事务所等单位的同志到校给学生作法治教育讲座，围绕学生的日常行为和切身利益，传授实用法律知识，教育学生学会依法保护自己的权益，不损害他人和集体的权益；另一方面，课余时间学校通过校广播台、多媒体系统、校网站、官方微信等平台，播放音频、影视方面的法治教育宣传片，丰富校图书室的法治类书籍、报刊等，请法治教育图片展入校，要求学生阅读法治书报、观看法治教育图片，举行“安全在我心中”“法律在我心中”“珍惜生命、远离毒品”“校园拒绝邪教”签名活动，开展法律知识竞赛、“模拟法庭”活动等，增强学生的法律意识。

第四，结合心理健康辅导，推动学校法治教育。

现实生活中，我们发现，某些学生看似品德问题、法治意识淡漠问题，其实不然，而是心理问题。为此，我们积极开展心理健康教育，重视心理辅导，心理健康教育融入法治教育的内容，以此推动学校法治教育工作的开展。

青年学生正处于身心发育阶段，其特点是：在生理、心理上尚不完全成熟，社会经验少，缺乏对事物的判断能力和鉴别能力，尤其在心理和情绪上变化复杂，极不稳定。他们身上的模仿心理、叛逆心理、斗狠心理、享受心理、玩笑心理等特点，很容易使其犯错甚至走上违法犯罪道路。一个孩子倘若心理不健康，规则就很难对其起作用，更意识不到要遵纪守法，对其还谈何法治意识？有鉴于此，对学生开展心理健康教育及心理辅导尤为必要。我们开设专门的心理健康教育课程，帮助学生了解心理科学知识，掌握一定的心理调节技能；开展心理活动训练课，这是在学生中开展心理健康教育最为有效的方法。活动内容包括小品表演、角色模拟游戏、互访互问及其他活动形式。在活动中学到转移情绪、宣泄痛苦、发泄愤怒的心理调节手段。特别注重把心理健康教育与法治教育相结合，注重加强教师情绪修养，完善心理辅导室的建设，建立心理档案，注重开展咨询活动等，且将对后进学生和违纪学生的个别教育与心理辅导相结合，开展团体咨询，及时疏导不良情绪，引导学生健康发展。这些对于加强学生法治教育具有重要意义。

第五，重视职业法规学习，保障实习顺利进行。

轮岗实习、顶岗实习等是中职学校必要的教学环节，也是中职学生必须经历的学习过程。学生在前往实习单位进行定岗实习时，在校内学到的法律常识远远不足，不能满足学生在实习期间遇到的各类问题。

因此，学校在平时的教学中，尤其是实习生集中教育时穿插各类职场法律法规，例如《合同法》《劳动法》《劳动合同法实施条例》《社会保险法》《企业劳动争议处理条例》等。

同时，根据学校各专业今后可能对应的职业，组织学生学习相关法律，例如针对学校的学前教育专业的学生，学校专门开设课程，教授《教师法》《教育法》《未成年人保护法》《幼儿园管理条例》《幼儿园工作规程》《幼儿园教育指导纲要（试行）》等，提升学生的职场法律素养，为今后的实习就业保驾护航。

（三）强化法治宣传，组织主题活动

第一，抓住法治教育契机，活动体验加深理解。

每年的春季、秋季开学结合春、秋季传染病预防教育，学习《食品卫生安全法》，开展知识竞赛并评奖。

六月份，“禁毒日”聘请区禁毒大队干警来校进行《禁毒法》广播讲座，辅之以观看纪录片《为了生命》。

九月份，聘请交警大队干警来校进行《道路交通安全法》广播讲座和参观车祸现场图片展，辅之以《我的一封安全家书》书信比赛。

十二月份，开展《宪法》《刑法》《治安管理法》《艾滋病防治法》等法律条文系统学习，并开展知识竞赛评奖，辅之以“步入成人门，守法好公民”成人节宣誓仪式活动。

第二，开展分类指导教育，突破重点后进学生。

学校总有个别行为失范生，每年四月份和十一月份，我们将此类学生集中设立“后进生法治教育分类指导班”，实施分类指导法治教育。由法治副校长和责任民警进行《刑法》《治安管理法》等法治教育授课，并

请西郊监狱管理服刑人员的干警进行所管辖犯人的案例教学，进行现身说法教育；德育课教师针对各类不良操行的学生和学生中出现问题的苗头，开展小范围分类指导和法治教育谈心谈话等，进行多渠道、多形式、多方面的法治教育。此类教育效果明显，促使重点后进学生变化，告诫他们远离违法犯罪，提高法治观念，增强法律意识，做一个学法、懂法、守法的合格中学生。

网络班的王同学就是一个典型案例，他触犯刑法被刑拘，从而被原学校劝退，后在余杭区关工委的关心帮助下，进入我校学习。据王同学自己所说："闲林职高的法治教育让我受益匪浅，所宣传的法律知识也正是我所缺少的，让我能更知法懂法守法，让我安然无恙度过了派出所监管的取保候审阶段。在闲林职高我真是学到了很多很多，我不会再像从前一样那么冲动。"

第三，组织主题教育活动，营造法治教育氛围。

（1）组织教师法治教育培训。要在学校全面推行普法教育，必然需要一支具有良好法律意识的教师队伍，为此，学校早已将法治教育纳入教师的校本培训，由教科室和政教处共同组织学习，重点学习《中华人民共和国宪法》《中华人民共和国未成年人保护法》《中华人民共和国教育法》等，定期以教研组为单位进行法律知识竞赛和讲座，提高了广大教职工的法律意识和依法从教、依法治校的能力。

（2）法治宣传教育图片展。每学期由政教处在校园宣传栏内张挂法治宣传图片，组织全校师生认真观看，使学生认识到未成年人犯罪给本人、家庭、社会带来的危害，震颤了学生的心灵，使学生一次次受到了法律的洗礼与熏陶。

（3）"法治在我心中"主题班会。政教处定期组织开展各班法治教育主题班会，班会主题是"学法、守法、预防犯罪"，同学们采用不同的方式进行精彩的演说，着重陈述自己如何学法、守法，为建设法治国家贡献力量的做法与思想，对所有学生起到了很好的法治教育作用。

（4）观看法治教育影视资料。例如：2014年学校组织高一高二年级各班观看全国优秀法官尚秀云谈青少年犯罪的法治讲座和青少年犯罪警示录；2015年组织高一高二年级各班观看《南平红荔》，音像播放会场气氛肃静，学生感受之深刻前所未有。

（5）不断加强法治教育宣传力度。一是利用校园广播台选播学生的优秀学法心得体会稿件；二是利用升旗仪式的国旗下讲话、学校微信平台、学校宣传栏、学校网站、《绿园》校刊、《荷风屋》心理期刊等宣传阵地进行法治宣传教育。

五、教育成效

随着普法和依法治理教育工作卓有成效地开展，学校广大师生员工的法治观念和法律意识大大增强，依法治教、依法治校的水平明显提高，学校的各项工作逐步走上了规范化的法治轨道，为学校事业健康、快速、协调发展发挥了积极的作用。

（一）推动了学校管理水平的提高

学校领导以身作则、率先垂范，并加强对法规执行情况的检查、监督、总结和激励工作，在执行制度过程中，坚持有章可循，违章必纠，对遵章守纪者加以肯定表彰，对违法违纪者进行批评教育或纪律处分，坚决刹住各种违反法规的现象。为此，学校根据自身的办学实际，制定了相关的规章制度并且严格按章执行，真正使学校管理制度化和规范化，步入依法治校的健康轨道。

为了规范学生在校期间的各项行为习惯，制定了《杭州市闲林职业高级中学学生在校行为规范细则》，由学校政教处对学生的各项规范做落实工作。

为了激发教师的工作激情，对每位教职工的工作能做出一些中肯的评价，特制订了《杭州市闲林职业高级中学教师工作评价制度》。

为提高学生的消防意识，制定了《杭州市闲林职业高级中学消防应急预案》《杭州市闲林职业高级中学防火安全活动计划》。

为确保学校师生用餐安全，学校按照各级文件精神，建设星级厨房和阳光厨房，制定了《杭州市闲林职业高级中学餐厅食品场所及设施消毒和维修保养制度》《杭州市闲林职业高级中学餐厅人员工作管理制度》等。

（二）加大了学校普法学法的力度

最近两年来，学校师生均能做到遵纪守法，尚未发现违法乱纪行为。老师们爱岗敬业，依法从教，不体罚和变相体罚学生，未发现有参与非法活动行为。在此基础上，学校持续推进师德师风建设，取得显著成效；学生们在校遵守校纪校规，各种违纪行为较之前些年明显减少，更令人欣慰的是近两年来学校在校学生违法、犯罪一直保持零记录。

同时，学校通过课堂讲授和专题讲座向学生进行的法律常识普及收到了良好效果，不少实习单位反馈回来的信息表明，部分学生在岗前培训期间和正式走上岗位后初步表现出了基本的职场素养，而这些与学生在校期间的法律常识学习密切相关，学生用法律维护自我权益的意识明显增强。

（三）深化了学校德育工作的效果

有效的德育离不开法治教育的推进，学校在推进法治教育的过程中，充分将各项措施融入了学校德育管理之中，以期达到“品清、行正、志雅、心善”的育人要求。经过这两年的不懈努力，学校的德育效果显现，过去被学生视为强制的、冰冷的规章制度管理，逐步地在学生心里达成了共识，形成了内驱力，真正地达到了润物细无声的效果。学生的整体道德素养显著提升，学生尊师重教，团结友爱，在校学生主动向老师问好已成为学校乃至余杭区中职学校的一大亮点，来校指导的领导与专家纷纷为学校学生的这一行为点赞。学校评选的“闲林职高好学生”“阳光男孩”“优雅女生”的人数呈现每年递增的趋势，其中还出现了许多典型的榜样。

例如，2012级学生管梦瑶和胡丽平同学，在2015年入选余杭区“美丽学生”。胡丽平同学更是被评为“杭州市励志成才优秀学生”，她也是余杭区职教唯一获此殊荣的学生。她先后获得2013年度余杭区“三好学生”和杭州市“三好学生”等荣誉称号，之前还参加了市文明办、市妇联主办的2015年杭州市“最美家庭”系列总结会活动并被评为杭州市“十佳好女儿”荣誉称号，并于2015年12月获得浙江省励志成才优秀学生入围奖。

这些荣誉的获得，一方面离不开胡丽平同学良好的家庭教育和她本人的不懈努力，另一方面也离不开学校和谐友爱的环境。据胡丽平同学说，因为初二时突发的家庭变故和发挥失常的中考，让她初进闲林职高时无比地低落、沉寂、绝望，甚至是自暴自弃。学校领导、班主任、任课教师的关心和鼓励，同学们的帮助和支持，让她重燃起了对生活的勇气和对学习的信心，她暗下决心，不能这样向命运低头，要坚强，要考上大学。在收到大学录取通知书的那一刻，幸福的笑容在这位坚强的女生脸上尽情地绽放，毕业典礼时她说很幸运来到闲林职高，感谢闲林职高给予她的帮助，感谢闲林职高的人和事。

法治教育作为学校德育工作的重中之重，学校对法治教育一直是常抓不懈的，近几年在全校师生的共同努力下，学校先后获得了首届“余杭区中小学行为规范教育示范学校”“余杭区平安学校”“余杭区禁毒教育示范学校”“余杭区综合治理先进单位”等众多荣誉称号。在2017年8月学校在由中国关系下一代工作委员会、中华人民共和国司法部和中央社会治安综合治理委员会办公室联合主办的第三届“关爱明天，普法先行”——青少年普法教育活动中，被评为“零犯罪学校”。这一殊荣是上级部门对学校法治教育工作的充分肯定，也为学校的后续工作开展注入了新动力。

六、学校法治教育重要活动概述

学校法治教育相关活动如下：

①全国关工委派驻浙江联络处王平主任一行来校指导“全国零犯罪学校”创建工作。

②区教育局胡锡良副局长来校进行创零犯罪学校工作督查。

③“创全国零犯罪学校”启动仪式。

④徐晟德育副校长做报告。

⑤汇报普法走廊活动工作。

⑥“远离毒品”主题活动学生签名活动。

⑦法治副校长授课。

⑧模拟法庭。

⑨学生法律知识辩论赛。

七、相关启示

法治教育工作的开展给学校特色建设带来了非常深刻的启示。

（一）中职学校法治教育必须符合中等职业教育培养目标

中等职业教育的培养目标是：

培养与社会主义现代化建设要求相适应、德智体美等全面发展，具有综合职业能力，在生产、服务、技术和管理第一线工作的高素质劳动者和中、初级专门人才。

具有较高的法律素养是成为高素质劳动者的必备条件之一。因此，中职的法治教育必须要符合职业教育的特点，有针对性地组织学生加强职业道德规范及相关法律法规的学习。

（二）中职学校法治教育必须契合中职生的身心发展特点

中职生的学习及理解能力相对较弱，在中职学校开展法治教育，要走出说教灌输式的教育方式，建立以学生为本的法治教育模式，注重行动与实践参与，注重法治教育内容的层次性、完整性、连续性、科学性，提高学生参与社会的能力，开展多种形式的法治教育，突出情景教学模式，培养学生的参与意识，整合学校、家庭与社会资源，充分发挥网络资源在法治教育中的作用。激发学生的好奇心，鼓励学生交流讨论和观察思考。法治教育更要体现平等公正、协商民主、理性思辨等法治理念，从“身边事、眼前人”讲起，寓教于乐、晓理于行，让学生在参与和体验中产生思想的共鸣，进而成为行动的自觉。

总之，对中职生的法治教育事关“依法治国”方略的实施，其意义深远，我们教育工作者定当肩负责任，不负期待，即使再艰难，我们也必须义无反顾地一直跋涉在法治的路上，撸起袖子加油干。

第二节　国防教育

为全面贯彻党的十九大精神，落实《国家教育事业发展“十三五”规划》，提高学生综合国防素质，继续推动国防教育特色学校建设，在学校自主申报、省级教育行政部门推荐基础上，近日，教育部综合认定4 382所学校为2017年“国防教育特色学校”。浙江省共有237所学校上榜，杭州市24所学校上榜，涵盖本科院校、高职院校、普通高中、中等职业学校和义务教育阶段学校。

笔者所管理的学校喜列该份名单之内，是余杭区中等职业学校中唯一入选学校。

这一成绩的获得主要是基于近几年学校在国防教育工作中所做的各项努力。一方面，学校充分利用教育资源，紧紧抓住中职学校和中职学生的特点，创造性地开展国防教育工作，坚决保障国防教育教学时间，在基础（或专业）课程中有机融入国防教育内容，挖掘和利用图书馆、阅览室、宣传栏、网站、微信等多种资源，广泛开展形式多样、丰富多彩的各类国防教育主题活动。另一方面，学校把国防教育融入德育管理、教学管理、学校生活、社会实践等各个环节中，特别是在德育管理中渗透学校校风要求，并使其和法治教育、国防教育有机结合起来，打造具有闲职特色的国防教育品牌。

“国防教育特色学校”是一份荣誉，更是一份责任，成为“国防教育特色学校”后，学校根据国家相关文件要求逐一对照，认真落实。国家相关文件要求以及地方部门和学校的落实措施归纳如下：

一、深化改革创新，注重特色建设

学校充分利用所在地人文环境、优秀历史传统和教育资源创造性地开展工作，在管理机制、课程开发、教育方式、工作模式、活动开展、师资队伍和实践基地建设等方面进一步提高水平和办出特色。

二、统筹各类资源，保障教学效果

学校保障教学时间，在相关课程中有机融入学校国防教育内容。有效开展主题活动，利用重要时间节点营造良好的教育氛围，利用图书馆、阅览室、宣传栏、互联网站等资源开展形式多样的日常教育活动。学校国防教育工作得到师生员工的广泛支持，并努力为其他地区和学校国防教育改革与发展提供先进经验，发挥示范作用。

三、强化组织领导，健全管理机制

学校高度重视国防教育，纳入年度工作计划和议事日程，定期研究工作，明确分管校领导和专门机构负责组织开展教育教学活动，完善教育教学方案和计划，健全管理制度和绩效评估机制，加大经费预算和政策支持，安排专职和兼职教师进行课程教学和各项活动。

四、纳入发展规划，加强建设管理

各地教育行政部门把特色学校纳入本地教育发展规划，制定本地区的管理、建设和支持方案，明确工作目标，完善政策措施。各类教师培训中涵盖学校国防教育内容，加强学校国防教育综合实践基地建设与管理，整合各类国防教育教学资源。

五、完善质量监测，建立报告制度

各地教育行政部门对本区域内学校年度国防教育情况进行统计汇总，向上级提交专项报告。省级教育行政部门编制发布本地区学校国防教育年度报告，教育部编制全国学校国防教育年度报告。

六、扩大舆论宣传，营造良好氛围

各地教育行政部门充分发挥大众传媒特别是新媒体的舆论宣传作用，加大对学校国防教育的政策、经验和做法的正面宣传报道，努力形成全社会关注、关心和支持学校国防教育的良好氛围。

第三节　规章制度

制度管理是学校管理策略中较为有效的做法。如何建立健全学校的规章制度并形成较为鲜明的特色，闲林职高自建校以来就一直进行不懈的实践。截至目前，闲林职高的规则制度主要分为行政管理、党组织管理、教学管理、德育管理和总务管理等五个方面。同时，在上述方面进行相关制度建设之外，在具体的实施过程中采用动态化的修正模式，从而发挥制度的激励管理功能。

一、学校规章制度目录

杭州市闲林职业高级中学规章制度目录

第一部分　行政管理

1. 闲林职高教职工代表大会制度
2. 闲林职高校务会议成员会议制度
3. 闲林职高校长办公会议制度
4. 闲林职高关于推行校务公开制度的实施办法
5. 闲林职高干部岗位职责
6. 闲林职高关于实行教职工全员聘任（用）制的实施方案
7. 闲林职高素质教育实施方案
8. 闲林职高任课教师工作职责
9. 闲林职高教师教育教学情况调查及实施办法

10. 闲林职高教职工奖励规定

11. 闲林职高教职工课时津贴实施办法

12. 闲林职高岗位责任奖分配办法

13. 闲林职高关于学科带头人和骨干教师培养对象的培养方案

14. 闲林职高学科带头人、骨干教师、教坛新秀的职责

15. 闲林职高学科带头人、骨干教师、教坛新秀考核评价要求

16. 闲林职高关于教坛新秀、骨干教师、学科带头人津贴发放的办法

17. 闲林职高高考奖励办法

18. 闲林职高教师低职高聘、高职低聘的实施办法

19. 闲林职高关于教学电脑的配备使用制度

20. 闲林职高语言文字规范化工作制度

21. 闲林职高安全责任制条例

22. 闲林职高重大事故报告制度

23. 闲林职高档案查阅制度

24. 闲林职高档案保密制度

25. 闲林职高立卷归档制度

26. 闲林职高值周行政干部职责

27. 闲林职高值日老师岗位职责

28. 闲林职高值夜老师岗位职责

29. 闲林职高班主任工作职责

30. 闲林职高年级组工作职责

31. 闲林职高学科组工作职责

32. 闲林职高教务员工作职责

33. 闲林职高保卫工作职责

34. 闲林职高生活指导教师职责

35. 闲林职高油印（资料）员岗位职责

36. 闲林职高图书室、阅览室管理员职责

37. 闲林职高会计岗位职责

38. 闲林职高出纳岗位职责

39. 闲林职高校医岗位职责

40. 闲林职高传达室人员工作职责

41. 闲林职高园艺员工作职责

42. 闲林职高水电工岗位职责

43. 闲林职高校产保管员岗位职责

44. 闲林职高夜间巡防员工作职责

45. 闲林职高保洁员工作职责

46. 闲林职高学科组考核办法

47. 闲林职高师德规范实施细则

48. 闲林职高教师考评实施细则

49. 闲林职高教务员考核细则

50. 闲林职高后勤工作人员考核细则

第二部分　党组织管理

1. 闲林职高党支部工作常规

2. 闲林职高党支部关于组织生活的若干规定

3. 闲林职高党支部书记工作职责

4. 闲林职高党支部宣传委员工作职责

5. 闲林职高党支部禁毒禁赌保证（责任）书

6. 闲林职高党员、校务会议成员联系班级制度

7. 闲林职高业余党校章程

第三部分　教学管理

1. 闲林职高学生学籍管理实施细则

2.闲林职高关于课堂教学“四字”“三弹性”的实施方案

3.闲林职高学生档案管理的有关规定

4.闲林职高学生奖学金实施办法

5.闲林职高语音室学生使用守则

6.闲林职高教师监考守则

7.闲林职高教师教学常规

8.闲林职高教师备课常规要求

9.闲林职高学生学习常规

10.闲林职高学生社会实践活动制度

11.闲林职高听课制度

12.闲林职高学生图书借阅规则

13.闲林职高教工图书借阅规则

14.闲林职高学生阅览室规则

15.闲林职高计算机房管理制度

16.闲林职高电子实验室安全制度

17.闲林职高综合实验室安全制度

18.闲林职高电工实验室安全制度

19.闲林职高琴房管理制度

20.闲林职高美术室管理制度

第四部分　德育管理

1.闲林职高职业道德规范

2.闲林职高学生学籍管理办法

3.闲林职高学生一日常规

4.闲林职高三好学生、优秀学生干部、校级奖学金、先进班集体评比条件

5.闲林职高合格加特长“闲林职高好学生”评选办法

6. 闲林职高德育工作例会制度

7. 闲林职高德育管理五项制度

8. 闲林职高“四项竞赛”规则

9. 闲林职高文明寝室评比办法

10. 闲林职高学生思想政治品德考核步骤

11. 闲林职高学生思想品德考核内容说明

12. 闲林职高学生思想政治品德考核表

13. 闲林职高关于学生行为养成教育德育学分评分和行为规范达标生评定的说明

14. 闲林职高班级考核细则

15. 闲林职高班主任量化考核细则

16. 闲林职高值周干部评议班主任评分表

17. 闲林职高生活指导老师评议班主任评分表

18. 闲林职高班级、班主任考核结果汇总表

19. 闲林职高学生就餐制度

20. 闲林职高住校生规章制度

21. 闲林职高学生会章程

22. 闲林职高帮困助学爱心基金会章程

23. 闲林职高记者站章程

第五部分　总务管理

1. 闲林职高财务管理制度

2. 闲林职高现金管理制度

3. 闲林职高学生助学金发放办法

4. 闲林职高实训教学楼使用规则

5. 闲林职高钢琴、风琴使用和保管制度

6. 闲林职高班级财产保管奖罚暂行条例

7. 闲林职高住校生生活管理小组岗位目标

8. 闲林职高保安兼生活指导老师岗位职责

9. 闲林职高门卫制度、值班制度

10. 闲林职高学生宿舍清洁工岗位职责

11. 闲林职高学生宿舍标准化管理规定

二、学校规章制度示例：中职学校教职工代表大会制度

杭州市闲林职业高级中学教职工代表大会制度

一、组织原则

1. 校教代会必须在校党支部领导下开展工作，按照规定程序行使职权。教代会必须遵守民主集中制的原则，其代表必须带头执行和遵守教代会审议通过的决议。

2. 教代会三年为一届，代表由教职工直接选举产生，任期三年。代表中教职工代表不少于60%，中层干部以上代表占25%左右，代表人选应具有代表性、群众性。

3. 教职工代表的产生和顺序：学校工会制定选举代表的方案，报校党支部审查同意，确定代表的名额、代表的条件，校工会做好宣传教育，动员教职工选好代表。由工会小组召开确定代表候选人并直接选举，选票超过半数以上才能当选。当选代表需经代表资格审查，经审查有效，由工会张榜公布予以确认。

4. 每个学年至少召开两次教代会，如特殊需要可以增开教代会。

二、代表的权利和义务

（一）代表的权利

1. 有选举权、被选举权和表决权。

2. 参加学校重大决策的审议的权利。

3. 向学校领导、部门反映教职工的意见和要求的权利。

4. 有权对教代会的工作提出批评和建议，有权检查教代会决议、提案，督促落实。

5. 依法行使民主权利受到压制、阻挠、打击、报复时，可以向有关部门提出申诉和控告。

（二）代表的义务

1. 认真学习并执行党的基本路线、方针、政策，遵守国家法律、法规，遵守校规校纪。

2. 积极参加教代会工作，认真宣传、贯彻教代会审议通过的决议，完成教代会交给的各项工作。

3. 联系教职工，维护教职工的合法权益，如实反映教职工的意见和要求。

4. 提高自身素质，遵守职业道德，提高教学水平，在教职工中率先垂范。

三、提案的征集和处理程序

1. 由工会印发提案表，确定征集提案的起讫时间。

2. 提案小组负责收集、整理、立案。

3. 提案小组将有效提案提交校长审阅，经校长答复意见后，交有关部门负责处理落实。

4. 提案落实后负责向有关提案人作出书面答复。

5. 工会负责检查提案落实情况，并将情况在下届教代会上如实汇报。

6. 方案的提案待处理完毕，工会存档。

四、教代会主席团成员产生顺序

1. 工会提出主席团候选人名单。

2. 召开党政联席会议，协商主席团候选人名单。

3. 候选人名单交教代会预备会议讨论，采取举手表决的办法产生。

五、主席团成员职责

1. 主持召开教代会。

2. 领导会议期间的各项活动。

3. 听取各组意见，根据需要提交教代会讨论。

三、学校规章制度示例：中职办学章程

杭州市闲林职业高级中学章程

第一章　总　则

第一条　为全面贯彻党的教育方针，大力推进素质教育，坚持依法治校，为地方经济建设和社会发展培养初中级实用型技术人才，为高等职业院校输送合格新生，使学校成为规模适度、功能齐全、全省知名的省级示范性中等职业学校，依据《中华人民共和国教育法》《中华人民共和国教师法》《中华人民共和国职业教育法》及有关法规，制定本章程。

第二条　本校全称为：杭州市闲林职业高级中学，是一所公办全日制中等职业教育学校，隶属于杭州市余杭区教育局。本校经登记批准，是具有法人资格的办学机构。基本学制三年。

第三条　本校办学宗旨：培养具有一定文化基础知识和技能专长的实用型技术人才，为余杭区经济发展和社会进步服务。

第四条　本校的人才培养目标：培养德、智、体、美、劳全面发展，能实现就业、敢于创业、勇于创业的技能型实用人才和高等职业院校合格新生。

第五条　本校校风：团结、敬业、奋发、求实。

第六条　本校校训：崇德、尚技。

第七条　本校办学形式："上挂（与高校合作办学、与国际接

轨）横联（与企业、与同类职高联合集团化办学）下沟通（与成人教育相沟通）”，以及“长短结合”（全日制与短期培训）多元的办学形式，实行学分制和弹性学制。

第八条　本校办学思路：以改革促发展、以质量求生存、以现代化为目标。

第九条　本校办学特色：以亲情、爱心等人文精神和创新精神见长，以学前教育、电子电器类为主干专业（兼顾其他专业的发展和建设），以教科研为依托的办学特色。

第二章　学校的权利和义务

第十条　学校享有下列权利：

（一）在余杭区教育局的领导下，按照学校章程自主管理。

（二）依照《中华人民共和国职业教育法》和教育行政部门的规定招收学生；组织实施教育、教学活动；对学生进行学籍管理，实施奖励或处分；组织学生参加相应的学历证书、技能等级证书、职业资格证书等考试，并开具相关的证明。

（三）依法聘任教师及职工，实施考核、奖励或处分。

（四）妥善管理、使用余杭区教育局下拨的各类公用经费。

（五）依法维护学校的合法权益不受侵犯，拒绝任何组织或个人对教育、教学活动的非法干涉。

（六）法律、法规规定的其他权利。

第十一条　学校应当履行下列义务：

（一）学校根据《中华人民共和国职业教育法》的规定，实施三年制的全日制中等职业教育（职业高中和中专教育）。

（二）遵守中华人民共和国相关的法律、法规、法令、规章和政策，认真贯彻党和国家的教育方针，按照21世纪人才培养的要求，尊重教育规律，保证教育质量，创设和谐的校园环境，坚持学校的公益性，不损害国家和社会公共利益。

（三）积极支持工、青、妇等组织开展工作，维护学生、教师及其他职工的合法权益；关心教职工和学生的身心健康，努力构建教职工的多重保障体系。

（四）以适当的方式为学生及其监护人了解学生的学业成绩及其他有关情况提供便利。

（五）遵照国家有关规定收取相关费用并公开公示收费项目和标准。

（六）依法接受学生、学生家长、社会各界、政府相关部门及教育主管部门的监督。

（七）建立安全管理制度，加强安全管理职责，确保校园安全。

第三章　学校的组织机构和职责

第十二条　学校实行校长负责制，校长由余杭区教育局任命，校长是学校的法人代表，全面负责学校的教育及行政工作，接受教育行政部门的评估、检查、审计和监督，接受学校教职工代表大会的监督。

第十三条　校长履行下列职责：

（一）遵守相关的教育法律、法规，贯彻党和国家的教育方针、政策；

（二）组织、制定并实施学校的发展规划；

（三）执行余杭区教育局的决定和指示；

（四）依法管理和授权管理学校各类事务，组织实施教育、教学活动；

（五）依法管理、使用校舍、设施和各类公用经费；

（六）提名副校长人选；

（七）聘任与解聘中层干部和教职工；

（八）有关学校的重大事务，在完成学校议事程序后，有决策权和指挥权；

（九）余杭区教育局授予的其他职权；

（十）发挥学校教育的主导作用，努力促进学校教育、家庭教育、社会教育和企事业单位教育的协调一致，互相配合，形成良好的育人环境。

第十四条　校长具有重大事务的决策权、人事任免权、财务基建审批权、教育教学工作指挥权，有购置重要设施、设备和对教师、职工、干部进行奖励或处分的决定权。

第十五条　学校副校长由校长聘任，是校长的助手，受校长委托分管学校德育、教学、行政等工作。

第十六条　建立学校党支部（或党总支），党支部（或党总支）书记经学校全体党员大会选举产生后由余杭区教育局党委任命。学校充分发挥党组织的政治核心和战斗堡垒作用。通过加强领导班子建设和后备干部的考察、培养，加强教职工队伍的建设和师德教育，保证、监督学校行政工作的健康运行。

第十七条　学校共青团组织受党组织的领导，对青少年学生进行教育，配合党、政全面贯彻教育方针，积极开展适合青少年特点的活动，在推进素质教育中发挥积极作用。

第十八条　组建学校校务委员会，成员由校长、书记、副校长、工会主席和校长办公室、教务处、政教处、实训处、教科室、总务处、资助管理中心、财务管理中心等职能部门负责人组成。

校长办公室：办公室具体负责学校行政协调和学校内务管理工作。

教务处：负责学校的教学、教务工作，负责全面实施学校的素质教育，负责学生的学籍管理、图书馆日常工作和实训课开设的管理工作。

政教处：负责学生的思想政治教育等工作，负责学生的日常行为管理、卫生管理、评优工作和综治安全工作，以班主任队伍为管理脉络。

实训处：负责学生的实训、实习管理、实训设备管理、招生和推荐就业等工作。

教科室：负责教科研工作和教师培训工作。

总务处：负责学校的物资管理、财产保管、日常维修、食堂管理和基建等后勤工作。

资助管理中心：负责学生国家助学金、奖学金经费的申报、审批、发放和接受上级监督检查，保证国家资助经费的绝对安全。

财务管理中心：负责财务管理工作。

第十九条　学校建立教育工会。作为教职工代表大会的工作机构，参与学校重大问题的决策，实施民主管理、民主监督，维护教职工的合法权益；建立共青团、学生会组织，保障学生的合法权益，调动学生主动参与、自主管理的积极性；建立（离）退休教职工管理委员会，保证（离）退休教职工的合法权益，为学校的发展提供建设性的意见和建议。

以上各机构组成学校管理网络，各司其职，分工合作，互相配合，确保政令畅通，圆满完成各项工作。

第四章　教师及其他职工的权利和义务

第二十条　本校教师享有下列权利：

（一）开展教育、教学活动，从事教育、教学改革和实验。

（二）参加教育、教学科研、学术交流，加入专业学术团体，在教研和学术活动中充分发表意见。

（三）指导学生学习和发展，评定学生品行和学业成绩。

（四）按时获取工资报酬，享受国家规定的福利待遇以及寒、暑假的带薪休假。

（五）通过教代会或其他形式参与学校管理，对学校工作提出意见和建议；对学校重大事情有知情权，对不公正待遇或处分有申诉权。

（六）使用学校设施、图书资料及其他教育、教学用品。

（七）参加进修或者其他方式的培训。

第二十一条　本校教师应当履行下列义务：

（一）模范遵守法律、法规和职业道德，为人师表；

（二）贯彻党和国家的教育方针，遵守规章制度，执行学校的工作计划，履行教师聘约，完成教育、教学工作任务；

（三）对学生进行宪法所确定的基本原则教育、爱国主义和民族精神教育、法治教育以及思想品德、文化、科学技术教育等，组织、带领学生开展有益的社会活动；

（四）关心、爱护全体学生，尊重学生人格，促进学生在品德、智力、体质、审美、劳动等方面的全面发展；

（五）履行全员德育的工作职责，经常与其他教师、班主任、学生和学生家长取得联系，共同做好学生的教育工作；

（六）制止有害于学生的行为或其他侵犯学生合法权利的行为，批评和抵制有害于学生健康成长的现象；

（七）不断提高思想政治觉悟、专业技能、教科研能力和教育、教学业务水平。

第二十二条　本校其他职工的权利及义务参照对本校教师的相关规定。

第二十三条　为保障教职工完成学校工作，学校应当履行下列职责：

（一）提供符合国家安全标准的教育、教学设施和设备，不断改善教职工的办公条件；

（二）提供必需的图书、音像资料及其他用品；

（三）对教师在教育教学、科研及各项工作中的创造性成绩给予鼓励、帮助和奖励；

（四）支持教职工制止有害于学生的行为或其他侵犯学生合法权益的行为；

（五）学校制定《教职工奖惩制度》，规范对教职工的奖励和处分。

第五章　学生的权利与义务

第二十四条　本校学生享有下列权利：

（一）学生享有法律、法规规定的受教育的权利；

（二）参加教育教学计划安排的各种活动，按教师的要求使用教育教学设施、设备、图书、音像资料等；

（三）按照国家有关规定获得奖学金、助学金和困难生学费减免；

（四）在学业成绩和品行上获得公正评价，完成规定的学业，依据规定获得相应的学业证书；

（五）对学校给予的处分不服向有关部门提出申诉，对学校、教师侵犯其受教育权、人身权、财产权等合法权益，提出申诉或依法提起诉讼；

（六）法律、法规规定的其他权利。

第二十五条　本校学生应当履行下列义务：

（一）履行法律、法规规定的受教育者的义务；

（二）遵守法律、法规，遵守《中学生守则》和《中学生日常行为规范》，遵守学校章程、学校的管理制度和行为规范具体要求的规定等；

（三）尊敬师长，养成良好的行为习惯和思想道德品质，自觉维护学校荣誉；

（四）虚心接受老师的教导，听从指挥，努力学习，按时保质保量完成规定的各项学习任务。

第六章　学校的课程与教学

第二十六条　在校长主持下，教务处对学校教学管理工作承担相应的责任，政教处对学校德育工作承担相应的责任。

第二十七条　学校遵守《中华人民共和国国家通用语言文字法》以普通话和规范汉字为基本依据，进行教育教学用语、用字。

第二十八条　学校根据深化教育教学改革、全面推进素质教育的要求，遵循课程改革的原则，全面安排基础性课程、选修课程和拓展性课程。贯彻国家课程、地方课程和校本课程三级管理的政策，认真执行国家和地方课程计划，积极开发校本课程，并逐步形成学校独立的课程体系。

第二十九条　学校组织教师积极推进教育教学改革，借鉴国内外先进教育理念，积极探索符合素质教育要求的各种教学模式，逐步形成学生主动参与、探索发现、合作交流的适合学生的学习方式，努力提高学生的学习能力和教师的教学质量，为学生的终身发展打下扎实的基础。

第三十条　执行国家教育考试制度。按上级教育行政部门的规定组织好每学期的期中和期末教学质量检查、考试及各学科的结业、毕业考试和考查。

第七章　学校的管理

第三十一条　学校每五年制订一份旨在推进学校自主发展的五年发展规划，根据余杭区教育局的要求每年制定一份发展性项目评价表，形成和健全自评机制，坚持学校的可持续发展。

第三十二条　依照法律、法规和建设现代学校的需要，通过民主程序，建立、健全各项规章制度。学校规章制度包括规范性制度、程序性制度、评价性制度和奖惩性制度。

第三十三条　根据国家和教育工会的要求，学校实行校务、党务公开制度。

第三十四条　学校建立校务委员会会议（简称校务会议）制度，校务会议是由校长主持，党支部书记、副校长、工会主席和校长办公室、政教处、教务处、教科室、总务处、实训处、资助管理中心、财务管理中心、团委等各部门负责人参加的会议，讨论落实学校具体工作，可以对行政工作做出决定。

第三十五条　学校依法建立以教师为主体的教职工代表大会，学校特别重大事项须经教职工代表大会审议并通过。保障教职工通过教代会参与学校民主管理和监督的权利。教代会是教职工参与学校民主管理和监督的机构。凡是校内重大的与教职工切身利益密切相关的改革方案、规章制度须经教代会审议并通过。教代会休会期间由教代会主席团行使教代会职权，教代会召开后按照教代会决定执行。

第三十六条　学校通过教务处管理学科组、政教处管理年级组、年级组和学科组管理教师，教师应该积极参加年级组和学科组的一切活动。学科组为教师专业技术的管理组织，负责备课研究、学科课程安排、考试考查等工作，按学校要求完成教育、教学任务。

第三十七条　学校贯彻《杭州市事业单位实行人员聘用制度暂行办法》和余杭区教育局的有关规定，实行学校用人聘用制度。

（一）学校根据余杭区教育局核定的编制数额和岗位任职条件及学校的相关规定聘用教职工；

（二）学校根据余杭区教育局的规定，对受聘用的人员实行岗位管理；

（三）学校对受聘用人员按余杭区教育局和学校有关规定，实行绩效工资制。

第三十八条　学校成立劳动争议调解小组，就人员的聘用、待遇、奖惩等方面产生的争议进行调解。劳动争议调解小组提出的调解意见，当事人不满意的可以按《杭州市事业单位实行人员聘用制度暂行办法》有关规定办理。

第八章　学校与家庭

第三十九条　学校选择家庭教育成效好并热心公益活动的家长，在征得对方同意的基础上，成立学校家长委员会。年级、班级成立相应的家长委员会或者核心小组。

第四十条　学校定期召开家长委员会会议，介绍学校发展规划、发展性项目、教育教学工作和学校发展中存在的问题以及解决问题的设想、措施，听取家长委员会的意见，取得家长委员会的支持和帮助。

第四十一条　学校依靠家长委员会办好家长学校，学校有计划地加强对家庭教育的有效指导。

第四十二条　学校要求全体教师（特别是班主任）广泛联系家长，做好家庭访问工作，家访工作做到教师全参与，学生全覆盖，使家庭教育与学校教育形成合力，促进学生健康成长。

第九章　学校与社区

第四十三条　学校作为闲林街道方家山社区的组成成员，通过加强内部建设，以良好的校风、教风、学风树立良好的公共形象，在社区内发挥积极作用。

第四十四条　学校依托社区，努力开发社区教育资源，依靠社区开展社会实践活动，为学生创造服务社区和实践体验的机会。

第四十五条　依靠闲林街道综治办、社区居委会和闲林派出所等单位，开展校内及校园周边地区的综合治理工作，加强对行为有偏差学生的分类教育和跟踪教育，社区教育和学校教育形成合力，确保学校创建“平安学校”的成果。

第十章 学校投资与校产

第四十六条 学校是余杭区政府通过余杭区教育局全额拨款的事业单位，有关财务预算、决算、会计事务等事项，均由余杭区教育局办理。学校按照校务公开制度的规定公开财务情况。

第四十七条 学校的房屋、土地资源、财产受法律保护，任何单位和个人不得侵占、破坏或移作他用。学校聘用专人负责校舍、财产的管理和保养。

第四十八条 学校如遇因政府规划调整等不可抗拒因素而需要迁校、并校或停办时，应该及时制订保护学校财产安全的方案，接受余杭区教育局的审计。

第十一章 学校办学的监督

第四十九条 中国共产党杭州市闲林职业高级中学支部（总支）委员会对学校的办学行为实行组织监督。

第五十条 学校教职工代表大会对办学行为实行民主监督，对学校主要领导成员的学习、廉政、实绩等状况实行一年一次的民主评议和考核。

第五十一条 学校接受余杭区人民政府教育督导室和余杭区教育局督导科对学校办学行为的政府监督。

第五十二条 学校接受审计机构的审计，接受余杭区教育局的检查和监督。

第五十三条 学校家长委员会和社区代表对本校的办学行为实行社会监督。

第十二章　附　则

第五十四条　本校校址为杭州市余杭区闲林街道闲富路12号，邮政编码为311122。

第五十五条　本章程的修改权在教职工代表大会。修改提案须获得参加会议的三分之二及以上有效多数票通过，方可修改，并报余杭区教育局核准后即生效。

第五十六条　本章程如有与法律、法规、教育规章和上级有关政策相抵触，一律以法律、法规、教育规章和政策为准。

第五十七条　本章程的解释权在校务委员会。

第五十八条　本章程自2012年9月1日起生效。

杭州市闲林职业高级中学

二〇一二年六月二十五日

（注：近年来学校根据新的发展情况和新的管理经验，对该章程不断进行调整与修订。此系修订之前的章程，仅供示例使用。）

第四节 校本研训

校本研训是校本教研和校本培训的合称，其实施过程中强调实践性研究，既注重解决实际问题，又注重经验的总结、理论的提升、规律的探索和教师的专业发展。

问题即课题，教室即研究室，教师即研究者，这是校本研训的主要特征。

研训的形式主要有专业引领、同伴互助和自我反思，也就是通过理论学习、专家辅导、合作研讨、集体备课、教学反思等手段使研训工作落到实处。

闲林职高在校本研训上通过不断地实践与总结，形成了独有的特色。下面介绍两项校本研训活动。

一、紫罗兰校本研训

在推进学校的现代化建设进程中，师资队伍建设成为关键。学校师资队伍建设的突破口——校本培训则成为师资建设的重要工作。经过近两年的实践努力，学校用调查研究、文献研究、行动研究、经验总结等诸多方法，构建了一套较为健全的、行之有效的“中职教师自主发展的‘紫罗兰’四维一体校本培训模式”。

该模式以理论培训、教学实践、共同体研讨、评价反馈、教师自主学习、主题式培训等多种培训方式，以中职四类特色课堂（小、中、大、个性发展）为培训载体，将教学、科研、培训融于一体，让培训“回归师本”，逐步提升教师的专业素养。阶段性成果显示，通过一系列的培训，学校教师心态有了极大的改变：变“没啥意思”为“很有必要”，变“要我参加”为“我要参加”，变“个体参加”为“关注全体”。教师发现问题的能力提升了，钻研教材的能力提升了，课堂教学的能力提升了，自我反思的能力提升了，真正走上了“学习—实践—反思—科研—再实践”的专业化道路。

（一）项目实施的背景

第一，中职课改快速发展的需要。

教师的专业成长与教育教学能力素养的提升，一直是近年来理论研究专家和实践者的共同课题。随着新课改在职业高中段的深入推进，对职业高中教师的教学能力与素质有了更高的要求。要求教师发展必须跟上课程改革的步伐，实现教师专业化发展，让教师与新课程共同成长。有研究表明，教师真正的成长既不在岗前培养，也不在于离岗脱产培训，教师能力的显著提高离不开具体的教学实践，否则教师是不可能很好地成长。只有把研究、在职培训与教学实践融为一体，才能持续有效地促进教师的专业成长，而校本培训的方式与质量，正是使全体职高教师的素质适应实施新课程的需要的先决条件。

第二，学校快速跨越发展的催生。

学校早在10多年前的本世纪初就已开展骨干教师校本的培训工作，尽管当时的培训工作只是处于前期阶段，既不规范也不重视，但为今天的培训工作积累了较多的实践经验。目前，学校正处于规模发展阶段，逐年扩班，班级总数达32个。学生的扩招需要招聘和引进大量的教师，在职教师已扩充到100多名。通过跟踪调查我们发现，教师队伍年轻，多数新教师都存在教学经验不足、教学实践欠缺、教学监控能力弱等特点，中高级教师比例偏低，学校名优教师尤其是专业名优教师缺乏。从交流中还反馈出，绝大多数的中青年教师都有自身专业得到快速的发展的迫切需求，希望能成为一名既有较高的课堂教学水平，又具有独特个性风格，拥有一定研究能力的学者型骨干教师。因此，如何让新教师尽快地适应工作岗位，如何加快建设一支高素质的名优骨干教师队伍群体？这些问题都成为学校当务之急。

（二）项目的内涵与目的

第一，项目的内涵。

中职课堂四维一体，就像紫罗兰的四个花瓣紧密联系在一起不可分割。紫罗兰，十字花科，花瓣4枚，气味芳香。品种繁多、色彩丰富、花色鲜艳，生长迅速。紫罗兰花语：永恒的美，质朴、美德、忠诚，喻我们将永远忠诚于教育事业。

如果把中职课堂教学比做紫罗兰，那么中职课堂的四种类型就好比这四片气味芬芳，色泽鲜艳的花瓣。这四片花瓣紧密相连，构成我们校本培训的载体，是研究的中心，是教师自主发展的舞台。四个花瓣及围绕着的花蕊，竞吐芬芳，这个花蕊，就是学生知识、技能与情感态度等素养的全面发展。而其花茎是教师全体齐心协力的创新共识，其土壤是学校领导者具有提高教师素质的意识与理念，创设了宽松的教师自主发展环境以及政策支持。

第一片花瓣：理论课堂（小课堂），以传授文化基础知识和专业理论基础知识为主。

第二片花瓣：实训课堂（中课堂），突出“教、做、学一体化”。

第三片花瓣：实习课堂（大课堂），了解企事业单位需求，熟悉岗位要求，接受企业文化熏陶，实现无缝对接。

第四片花瓣：社团活动课堂（个性发展课堂），打破班级界限，学生根据兴趣爱好自由选择，发展个性特长。

我们的每一类课堂，都与行为规范教育相结合，与就业指导教育相结合，与专业特色教育相结合，与文化传承教育相结合。

自主就是“自我”和“主动”。即充分尊重教师专业成长的主动性，又充分重视教师在生命成长和专业发展过程中的自我认识、自我更新和自我超越。

以师为本，其主要特征是以教师为本，以教师发展为目的，促使教师由“被动性培训”向“主动性、参与性培训”转变，强调教师的自主参与意识和自我教育能力，通过科学有效的管理使教师得到可持续发展，变“要我培训”为“我要培训”。

第二，研训的目的。

通过开展“促中职教师自主发展的‘紫罗兰’四维一体校本培训策略”的研究，构建“培训、教研、科研”一体化的“以师为本”富有中职特色的校本培训模式，旨在探索能满足学校发展需要和教师自主发展需求的校本培训，探索能促进教师自主发展的有效培训策略，力求在校本培训的“以师为本”和“发展性培训”的策略上有所创新和突破，使教师培训具有实效性、科学性和灵活性，并具有一定的推广价值。

(三)项目的实施思路

第一，成立培训共同体领导机构。

学校成立师本培训管理机构，以校长为主要负责人。为教师参加培训提供条件、经费、时间的保障，建立较完善考核激励机制，以保证培训工作的有效顺利开展。培训工作由教科室组织实施并全面负责管理，并制定出有效的管理制度，由校长室、教务处、培训处相关领导共同参与整个培训工作，学科组、年级组配合进行培训。做到活动有专题、有记录、有实效，将教师参与校本教研与科研、培训有机地结合起来。

第二，确立较为明确的培训方向。

目标性：努力将学校发展的目标与教师个人成长的目标进行有机的整合并成为教师共同认可的追求目标。

实效性：学校校本培训项目的定位就是“以校为本”“以师为本”，内容主要是根据教师教育教学的实际需求，“打造中职特色课堂，提升教师执教素养”。学校努力为教师搭建投身教学实践研究、展示教学水平、交流研究成果等平台，进一步提升教师的教育教学实践水平。

（四）项目的实施方法

第一，调查先行，关注预设生成，探寻校本培训内容。

精心预设校本培训内容。教务处、教研组是预设校本培训内容的核心机构，其进行预设的主要途径有两条：一是深入教师教学实际的自主发现。我们通过问卷调查了解教师要求，通过访谈调查面对面了解，通过“打开后门上课”深入常态课堂。二是接受来自教师各研究小组的反馈信息。

把握生成校本培训内容。校本培训是需要有计划、有组织、有步骤开展的，各种调查为学校制定校本培训计划提供了可靠依据。在教育教学工作进程中，还会不断出现问题，需要我们把握时机，抓住生成问题，开展培训活动。

第二，实践先变，转变校本培训方式，提升教师群体发展。

针对培训内容，选择适合的培训方式，提高校本培训的实效性。“校外专家讲座”与“共同体专家引领”“教师沙龙研讨”相结合进行培训。

校外专家讲座。邀请校外专家针对某一主题进行一次或多次专题讲座，这是对校外资源的利用。这是传统的、常用的培训方式，专家提供先进的理论、前沿信息，帮助教师把握课改及研究方向，充分体现专家引领的优势。

“共同体专家”引领。共同体专家包括“本土专家”和“培训专家组成员”。“本土专家”是指由学校培养的，在某一方面有独到研究的老师与其他老师共同分享经验与成果。对校内资源的积极开发，可以正视教师个体差异，把握教师自身优势，激发他们的再次发展，同时也为其他教师提供身边教师的经验知识。“培训专家组成员”是浙工大杜博士和刘博士。

教师沙龙研讨。针对某一问题，组织开展比较自由、灵活、气氛融洽的交流、探讨活动，为老师们提供自主参与理论研讨的机会。在这里，老师是主角，他们可以深度参与，各抒己见，在碰撞与思考中得到健康而快速地成长。

从“四课系列式”到“同课异构式”和“专家注入式”培训。

“四课系列式”。集体备课、说课、上课（听课）、评课四个环节，组成环环相扣又层层深入的培训（教研）方式。

“同课异构式”。针对同一教学内容中的同一环节，不同的老师进行不同的诠释，从而进行研究，能充分体现不同教师的教学观念和方法，展现不同教师教学的精华，同时能在比较中发现问题。

“专家注入式”。由专家深入某个教研组，针对一个主题进行一次或连续几次的教研活动。通过专家全面、深度地参与，对现状进行深入的分析，对教师进行深入的指导。这既站在专家的高度，进行理论引领，又深入教师的课堂，解决实际问题，避免了专家指导与教学实际、与课堂问题分离，使专家指导更深入，更有针对性。

我们倡导的“师徒共进”是对传统“师徒结对”的延伸和创新。一方面，我们仔细分析教师发展需求与方向，将教师的发展分为入门式、协助式、提高式、成才式。另一方面，我们强调的是“双赢”，徒弟能从师傅那里学到很多，同时师傅能从徒弟身上获得启发，从对徒弟的指导中提高自己的认识和能力。

创新培训方式：先行研究式、专题牵引式、BBS研讨活动。

先行研究式：先由一部分校内骨干组成先行小组，先行动起来研究某个主题。通过先行小组的研究，将研究的内容和成果向全校辐射，带动全校教师进行这个主题的研究。

专题牵引式：通过确立教研或科研课题（小专题），带着课题从事教学实践和校本教研活动，拉动和促进教师的学习和研究工作。以备课组为单位，选择所有备课组成员共同关注的问题或共同遭遇的难题，进行研究。将课题研究和教研活动密切联系，以教研促科研，以科研带教研，体现大教研观。

BBS研讨活动：针对一个核心问题，邀请有兴趣、有要求的教师参加与讨论，参与人员不受年级、学科限制。活动过程自由发言，轻松随意。

我们培训的组织形式是灵活的，生动的，以校为本的，但不论哪种形式的培训，都是围绕“紫罗兰”四维一体的中职课堂展开的。培训从以传授文化基础知识和专业理论基础知识为主的理论课堂（小课堂），到突出“教、做、学”一体化的实训课堂（中课堂），再从熟悉岗位要求，接受企业文化熏陶，实现无缝对接实习课堂（大课堂），到社团活动课堂（个性发展课堂），无一不是切合新课程改革的理念，无一不与专业特色教育相结合、与文化传承教育相结合。

（五）项目实施的原则

第一，分工与协作原则。

教科室在开展培训工作时要处理好与各处室的关系，在明确任务分工的基础上加强密切协作，从而达到校本培训整体目标的优化。

第二，教、研、训结合原则。

学校以“教师的成长”为腾飞基石，以“教师发展”为本，以“教师实际需求”为着眼点，立足学校发展，充分发挥教科研的先导作用。从解决实际问题着手，以科研指引教研，带动培训，以培训的理论、教研的实践促进科研，努力将三者进行有机结合。

第三，共性与个性结合原则。

一方面以开展教育科研理论与方法等为内容的共性培训，另一方面，更新教师知识结构、拓宽教师专业知识面，提高教师的专业能力和创新能力。

第四，理论与实践相结合原则。

在努力提高专业教师的教学能力，拓展专业知识结构的同时，还应对专业教师进行相应的专业技能训练，以提高实践操作能力。

第五，按需与前瞻性结合原则。

坚持适度的前瞻性，在内容的选择、时间的安排、方式的确定等方面，直指学校的教育教学实际过程，与教师的工作相伴同行。

(六)项目实施的成效

以2014年度为例，校本培训的最大亮点就是探索出了符合中职教学实际的特色课堂教学的“紫罗兰”模式。

从以传授文化基础知识和专业理论基础知识为主的理论课堂（小课堂），到突出“教、做、学”一体化的实训课堂（中课堂），再从熟悉岗位要求，接受企业文化熏陶，实现无缝对接实习课堂（大课堂），到社团活动课堂（个性发展课堂）打破班级界限，学生根据兴趣爱好自由选择，发展个性特长。我们的每一类课堂，都切合新课程改革的理念，都与专业特色教育相结合、与文化传承教育相结合。

“紫罗兰”模式，四个花瓣互吐芬芳，相映成趣。专题讲座、读书活动、观摩录相、沙龙研讨活动、反思案例、课例研究等培训方式相互联系，相互渗透，完善了原有的“培训、教研、科研”一体化的培训模式，更强调以“教师发展”为本，以“教师实际需求”为着眼点，引导教师切实走上“学习—实践—反思—科研—再实践”的专业化道路。

在这个过程中，通过加强年级组、教研组建设，在教师中倡导“双赢共好、相互借助、交替引领”等策略，在“自主、扎根、领悟、融合、经验”中实现教研训一体化，对“教研训一体化”的机制进行了更深一步的探索，逐步让教师在教育科研中形成能力，生成智慧，产生思想，不断丰富和提升教师的生命内涵。该培训模式特点可用图2-4-4-1表示。

自主，就是指培训内容与方法来源于教师对所属当下情境中困境的思考，使教师明确学到的教育理念和理论与自己的教育教学生活之间的关系，然后再努力将自己思考后的并且赞成的理论应用到将要面对的教育教学情境中。充分尊重教师专业成长的主动性，重视教师在生命成长和专业发展过程中的自我认识、自我更新和自我超越，不是把现成的教育理论与教育专家的思想强加于教师的思想和行动中。培训者与教师、教师与教师间采取对话式的方式，与学生发展成为一种民主平等的关系。教育的本质不是把篮子装满，而是把灯点亮。如果我们点燃一盏灯的话，那就是一个革命性的变革。

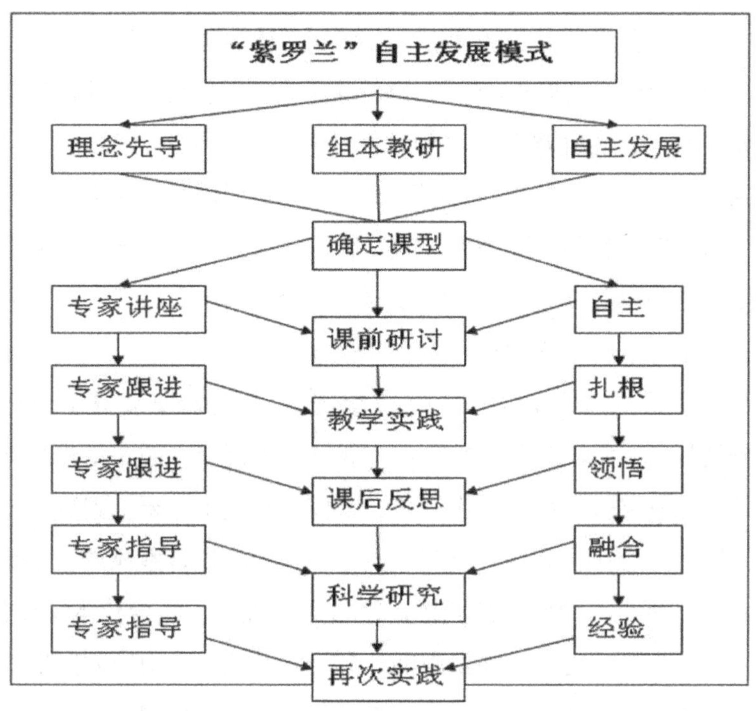

图2-4-4-1　“紫罗兰”自主发展校本培训模式

扎根，让教育科研扎根到课堂教学之中，将教科研一体化落实在教师的行动上，植根于教师的思想中。这次培训是有根基的，是指校本培训扎根于教师的生活情境中，理念和行动产生于教师脚下的大地上，这片大地即是学生的健康成长的各种课堂，教师从所坚持位置脚下的大地中汲取养分，这些养分成为滋养其自我与主动实践的源泉与动力。具体做法如下：①将教育理念落实到课堂教学之中，完善、实践课堂的各项具体要求；②以校本课题为龙头，深入开展小专题研究，并利用教研活动时间定期组织交流；③教师个人备课、集体备课结合课题研究进行，课后反思紧密结合小专题研究，注重教育教学案例的收集，并将此纳入教学的常规考评中；④教研组制定教科研一体计划，教研活动记录要体现组内开展研究讨论的真实场景。

领悟，自下而上，教师在四个不同的课型的具体教学过程中，对国家规定的文件课程中所反映的理念、目标和具体内容、方法进行领悟。专题讲座、读书活动、观摩录相、沙龙研讨活动、反思案例、课例研究等培训方式相互联系，相互渗透。注重教师教学过程中对课程的体验、领悟，完善了原有的“培训、教研、科研”一体化的培训模式，更强调以“教师发展”为本，以“教师实际需求”为着眼点。具体做法如下：①采取了师徒制，及时对教学技巧领悟感知；②建立“教师个人档案”，通过回忆教师的成长轨迹，领悟教育教学信念。

融合，教研与科研力求做到“五个统一”：①教学研究工作思路统一。教务处与教科室定时召开碰头会，相互参与例会，统一工作思路，为教师的教学和研究做好指导工作、服务工作，减轻不必要的繁重劳动，引导教师开展研究工作。②教学研究人员职能统一。教科室成员、每个教研组，形成教科研合一的研究共同体。③教研培统一。结合校本课题研究，加强年级组、教研组建设，加强教师业务培训，关注和引导教师非正式群体的建设。④教科研文本资料统一。具体包括教科研计划统一，教科研活动记录与教师成长案例统一，教研组总结与研究课题总结统一，教育教学反思与研究案例统一。⑤教科研工作考评统一。改革考评机制，将教学工作与研究工作“捆绑考评”。

经验，既需要总结，又需要分享，搭建平台。开展“我的舞台我做主”教师开放周活动、“紫罗兰的绽放”名优教师展示等活动，分享各自的教育教学经验，让研究真正成为教师教育生活的需要。以学科组为单位开展两轮教学实践活动，严格按照课前会议、课中观察、课后会议的评课议课模式进行实践活动。撰写教学反思案例，定期以教研组为单位，组织教师讨论，共同分享经验与体会。校本教研管理立足校本实际，根据学生、教师、校风、教研基础、周边环境及设施等条件，因地制宜地开展校本培训。

附："我的舞台我做主"教师开放周活动资料

《父亲的手提箱》教学设计

设计教师：魏伊莉

教学目标：

知识与能力

1. 借助工具书，能解释荒蛮、失真、缺憾、幸福、愧疚的意思。

2. 围绕作者的文学创作主张，能梳理全文的脉络。

过程与方法

1. 理解父亲对自己走上文学创作道路的影响过程中，运用筛选和圈画关键词、句的方法。

2. 体会自己对父亲深深的怀念之情过程中，运用入情体验法。

情感态度与价值观

能感悟帕慕克在细节处对父亲的感激与怀念，学会在生活细微处感受、领悟父母的情和爱。

教学重点：以"手提箱"为线索，理解父亲对自己走上文学创作道路的影响

教学难点：能感悟帕慕克在细节处对父亲的感激与怀念，学会在生活细微处感受、领悟父母的情和爱。

教授方法：讲授法、提问法、讨论法等适合学生学习的方法。

学习方法：筛选圈画法、涵泳诵读法、入情体验法等自主学习方法。

课时安排：一课时。

课前预习：

借助工具书，能解释荒蛮、失真、缺憾、幸福、愧疚的意思。在

预习本上写出。

教学过程：

一、贴合学情，走入文本

2012年10月11日，我们对诺奖的百年期待和热情憧憬终于实现了。它的实现者是：莫言。对，他是获得诺贝尔文学奖的第一位中国籍作家。

那么，2006年10月12日，诺贝尔文学奖第一次颁给了土耳其文学家，他就是：奥尔罕·帕慕克。他被认为是当代欧洲最核心的三位文学家之一，当代欧洲最杰出的小说家之一，是享誉国际的土耳其文坛巨擘。

今天我和同学们一起学习他在瑞典文学院诺贝尔颁奖典礼上受奖演说的节选。

二、全体齐答，感知全文

师：检查一下大家的预习情况，完成一道填空题，一起大声地回答出来。

生：阅读文本和题目可知：作者以父亲的手提箱为线索，讲述了父亲对自己（文学创作之路）的影响。

三、相互激发，详析文学创作主张

师：那么文中哪里具体阐述了作者自己的文学创作主张呢？

生：第九段段尾。我认为一个作家要做的，就是发现我们心中最大的隐痛，耐心地认识它，充分地揭示它，自觉地使它成为我们的文字、我们身心的一部分。

追问：帕慕克最大的隐痛是什么？他在写作中内心有不愿意告诉别人的痛苦感触，是什么？

要求：用词语概括隐痛，并结合文本说出自己的理解。

明确：荒蛮感和失真感。我们已查到荒蛮（荒：荒芜。蛮：野蛮。荒蛮之地指贫困、未开化的地区，一种原生态）和失真（指的是指一个物体、影像、声音、波形或其他资讯形式其原本形状或其他特征的改变现象)。

用已查到的意思结合文本中的作品对他的诠释，再来理解荒蛮感和失真感。

老师简单介绍一下关于荒蛮感的两部作品。2002年的小说《雪》，作者通过一位到访的带有西方背景的诗人的眼光，发现作为一个土耳其艺术家会觉得东西方两种文明都有深刻的联系，对哪一边效忠都不可能，这也就是作者自身的状态。伊斯坦布尔是土耳其最大的城市和港口，是土耳其的文化、经济和金融中心，如在文中注释写的那样，饱含作者对自己故乡的无限热爱。

生：借此结合帕慕克自己的写作就可知，荒蛮感为他在写作中忠实于人类所处的文化、经济等原生态的社会状态。

失真感是他的忧虑，那么就是他认为写作中不能“失真”，不能失去人的本性，不能失去世界的本真。

四、小组讨论，理解文学创作的关联

师：以上我们揭开了作者文学创作的隐痛，那么在第11段末尾，作者认为文学创作的关联是什么呢?

提示：结合整篇文本回忆手提箱中的发现，父亲和我之间的故事点滴来理解缺憾感、幸福感和愧疚感。

要求：前后同学商量，以小组讨论形式，五分钟后由一个代表汇报。

明确：学生用论据来论证自己的观点。言之有理即可。

五、入情体验，感悟对父亲的感激和怀念

师：假如你是帕慕克，现在正站在瑞典文学院诺贝尔文学奖的颁奖典礼上，你会带着什么样的情感说出第12到15段这些文字呢?

要求：给大家五分钟的时间，然后我们来读。

全体读。个别生读。师读。

六、人人参与，自由表达父亲对自己的影响

师：我们自己的父亲也许并没有可探寻像文中“手提箱”一样的精神轨迹，但是你也能从父亲的言行或是做事上理解父亲对自己的精神影响。

要求：先思考，或者在本子上写一个提纲，然后请同学们自由地表达自己的故事。

举例：NBA篮球巨星乔丹，整个小学和初中阶段，乔丹的写字成绩一直徘徊在B和C之间，但他非常热衷于各种竞赛。父亲明白儿子不可能继承自己的事业做一名合格的机械师后，决心对他因势利导，指导儿子在自己后院简易篮球场上练习篮球。他很快成为篮球队中一员虎将！

结论：父亲的理解成就了飞人乔丹的篮球奇迹！

七、课后任务

深入理解父亲对孩子的影响，孩子对父亲的情感。

A.阅读莫言在2012年诺贝尔文学奖的演说词，要求：总结出相同之处。

B.我们自己的父亲也许并没有可探寻像文中“手提箱”一样的精神轨迹，但是你也能从父亲的言行或是做事上理解父亲对自己的精神影响。要求：写出一个片段，包括具体的事件或者言行，具体影响是什么。

以上两项任选其一完成。

《父亲的手提箱》评课实录

记录整理：齐云飞

陈云老师：

听了魏老师的课，有一种“后生可畏”的感觉，果然非同凡响。

新老师的上课激情让人感动，课堂新意层出不穷，值得像我这样的对教学有着“七年之痒”的青年教师学习。魏老师的课体现了建构主义的理念，真正发挥学生自主、合作、探究的能力，把课堂还给学生，让学生成为学习的主人，提高了学生的学习热情，唤醒了孩子们的阅读欲望。

王海燕老师：

作为一个新老师，魏伊莉老师能执教《父亲的手提箱》一课，我个人很钦佩她的勇气，对于她能如此顺畅而完整地上完这一课，也由衷地表示祝贺！诺贝尔文学奖得主帕默克的获奖演说词《父亲的手提箱》是一篇很简单却很难上出新意的课文。魏老师经过精心准备，认真设计教学环节，教学目标清晰、有效。教师对教材内容的处理较为得当，重视整体课堂教学内容的层次性，能将授课内容难易度、重点知识点等做有效梳理，层层推进。尤其是课堂拓展环节，学生的表现可圈可点，是本课的亮点。魏老师个人课堂教学用语比较流利，显示了一个语文老师扎实的基本功。可能是新教师的原因，部分环节间的过渡不是很流畅，有待改进。

王勇艳老师：

魏老师是新老师，上了一节内容很难的课，很不容易。值得肯定的地方很多。一、教学流程流畅。魏伊莉老师以“贴合学情，走入文本”“全体齐答，感知全文”“相互激发，详析文学创作主张为主旨”“小组讨论，理解文学创作的关联”“入情体验，感悟对父亲的感激和怀念”等教学步骤架起一堂课的框架，使听课者能清晰地了解课堂思路，学生对整篇文章也有了基础性的把握。二、提问切入点独特。在完成教学第四个环节时，魏老师提出了这样一个问题：“作者认为文学创作的关联是什么呢？”她抓住了原文的一个要点：“关联”，其实是作者对文学在不同层面的表现。这也是这篇文章前后连接的关键点。魏老师的教学始终以文本为依托，能使学生的阅读有效。语文课很难，上好语文课更难，新老师上到这样的课确实很不错。

张乃兵老师：

听魏老师的课，是种冲击。《父亲的手提箱》是篇极为难以突破重点的课文，本人在上这篇文章时对难点束手无策，不知道该从哪里下手。魏老师的课给我解决了这个疑惑。在实际的教学中，我深刻地体会到，如何开掘文本的时代内涵，理会和把握文本的编著意图和特定的意义寄寓，展开教师、学生、文本三主体间的充分对话，是解读手提箱的象征意义深层指向。魏老师对文本的把握是极其到位的，用了几个简单的问题，就把学生的思绪全部引导到了对手提箱的象征意义解读上来，并准确地把握住文本的暗示，直接解决了文本的难点。这一点值得向魏老师好好学习。稍显不足的地方，在上课的时候，对学生的回答如何有效的评价，这一点在今后还可以继续提高。

张瑜老师：

读中悟，悟中导——评魏伊莉的课《父亲的手提箱》。作为组内新教师，魏伊莉老师的这堂课无疑是出色的。首先是教学设计中教学目标明确，教学流程清晰；其次是课堂教学中教学语言流畅成熟，常有极具启发性和承接性的妙语。

最让我感佩服是以下两点：

1.教师本身对文本的解读深刻透彻，从她的教学设计中我们就可以感受到她是对文本解读下了大工夫的，不愧是研究生毕业。特别是她能把自己的解读引入文本教学中，引导学生一起来探讨领悟。

2.教师运用了“读中悟，悟中导”的有效教学模式，所有教学过程的设计不紧扣文本。魏老师的这节课“读”贯穿始终，这种“读”是“默读”，而且不是没有目的的读，每次读都有具体的目的，上面都有一个任务在指导。学生边读边寻边悟。整个过程，学生不离文本，不离作者的心声，达到了最大限度的文本感受和文本解读，这是越来越不喜欢阅读的职高学生特别需要的课堂模式。如果魏老师长此

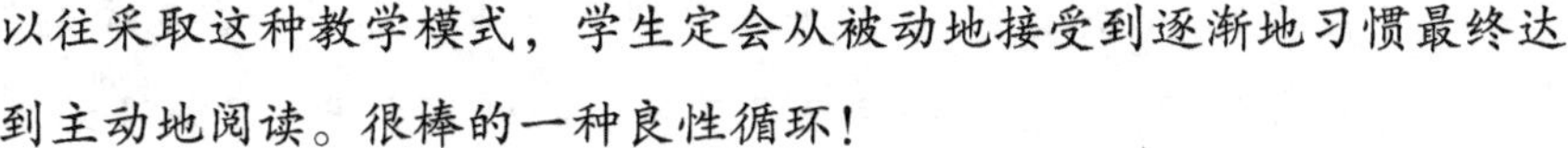

以往采取这种教学模式，学生定会从被动地接受到逐渐地习惯最终达到主动地阅读。很棒的一种良性循环！

包副校长：

魏老师的一堂《父亲的手提箱》给了我们别样的听课体验。作为一名新教师，她的教学仪态极为大方，教学手段的运用恰到好处。对教材的处理更是独具匠心。她大胆地在开课初就抛出了本课的难点，引导学生紧扣“父亲的手提箱”寻找作者的文学创作主张。紧跟着，她又在学生初读文本的基础上，进一步引导学生思考“帕慕克最大的隐痛是什么”，从而引导学生探究本课的难点“荒蛮感”“失真感”。在教师的穿针引线下，学生逐渐深入文本解读作者的文学主张，了解父亲对作者的影响。最终，学生在朗读中与作者产生的感情共鸣，在共鸣中有效地链接了自身的生活体验，在课堂上掀起了思维碰撞的小高潮。但遗憾的是，本堂课教师的预设痕迹过多，教师对学生的评价过于随意。这些都还有待于执教教师在今后的教学实践中，多学习先进的教学理念，掌握更多的教学方法，从而更好地提高自己的教学水平。我们相信有着扎实教学功底的魏老师，终有一天能在教坛上闯出属于自己的一片天地。

齐云飞老师：

小魏，刚从大学校门走出，走上讲台才一个多月的老师。但她还是欣然地接受了组里的任务——上同课异构展示课《父亲的手提箱》，勇气十分可嘉。适逢她研究生毕业论文答辩前一个星期，她熬夜调整教学设计，并做了课件。十分不容易，认真的态度让人肃然起敬。课堂上，她语言清晰、流畅，普通话标准，教学仪态端庄大方，课件制作新奇，偶有字迹看不清，教材处理大胆直接。教学设计亮点，开门见山抛出作家、引出线索后，一语带过。直接由“父亲的手提箱”进入作者文学创作主张的研讨。随后，在研习文本的基础上让同学们思考“帕慕克最大的隐痛是什么”，进而来探讨本文的教学难点“荒蛮感”“失真感”。此处，挖掘再深点就更好。在同学们讨论、教师的牵引下，学生进一步理解了作者的创作主张，了解了父亲对作者文学梦的影响。最后，在老师的引领下，学生在朗读声中与作者进行情感交流，产生共鸣，并引入现实生活，对“父亲对自己的影响”进行心与心的交流，教师在引导中还略缺点针对性。课堂营造了良好的氛围，达成了情感价值观上的教学目标。课堂最后几分钟的处理，要预留。

对于刚走上讲台的人来说，将文本处理到此种程度，已实属不易。相信小魏经过此次磨炼，一定体会到不少的教学经验。望在以后的教学生涯中，能不断地磨炼自己，勤奋学习。多掌握一些先进的教学理念、技能，并不断地去实践、提高。我们相信，别样的小魏一定会在自己的教学生涯中走出属于自己的别样的教学风格。我用最质朴的文字给你的课留点纪念，呵呵！加油！

《父亲的手提箱》说课

每个孩子都会收到或葆有一个父亲交付的手提箱，有形的或无形的。土耳其作家帕慕克的父亲就曾给了帕慕克一个小小的手提箱。手提箱里装满了文章手稿和一些笔记本。这是父亲文学梦想的遗迹。今天我要说课的题目就是《父亲的手提箱》。下面我将从教材分析、学情分析、教法学法、教学过程和教学反思五个方面对本课进行说明。

一、教材分析

《父亲的手提箱》是高等教育出版社出版的《语文（基础模块）下册》第一单元的选读课文，作为中等职业学校的一门文化基础课程，本书在选文时特别注重所选文本的经典性和时代性。

《父亲的手提箱》作为一篇选读课文，节选自2006年第一位土耳其籍诺贝尔奖得主菲利特·奥尔罕·帕慕克在诺贝尔文学奖颁奖典礼上的演讲，原文长达一万字，但是我们的文本节选了演讲最前三节和最后三节并略有修改，经过删选之后，文本清晰，但主要思想变得晦涩，因此教师对文本做了简单化的处理。同时单元教学重点是阅读和欣赏人性美；本设计强化对情感的体悟，提高学生从细节把握人物内心世界的能力。

作者以父亲的手提箱为线索，讲述了自己对文学创作的感悟及父亲对自己走上文学创作道路的影响，表达了对父亲深沉的怀念。根据教材特点、学生心理以及他们的知识经验和情感需求，依据新课标中“知、过、情”三个维度，确定本节课的教学目标。

知识与技能：梳理文本，能赏析关键语句在表达感情方面所起的作用。

教学过程与方法：品读课文，分析手提箱的象征意义。

情感态度与价值观：父亲的言行对我的文学创作之路的影响，引导学生感受关爱，学会感恩。

由于文本以手提箱为线索，我将本课的教学重点确定为：解读手提箱的象征意义。

因为学生的实际情况，我将本课的教学难点确定为：父亲的言行对我的文学创作之路的影响，引导学生感受关爱，学会感恩。

二、学情分析

我任教的班级是2011级学前教育4班，班级由52个女生组成。

班级基础能力尚可，能在一定程度上理解文学作品所表达的情感，思维活跃，笔头能力相对来说也可以，喜欢自身体验，讨厌说教式教学，知识面相对来说比较狭窄，缺乏一定的外国文学欣赏能力。

三、说教法学法

罗杰斯的人本主义理论认为，教学的目标是培养具有创造性和适应性的人，人在不断满足需求的过程中“实现自我”，因此我们的教学目标应该与学生个体的需要是一致的。要在教学的过程中创建一种真诚、接受、理解的教学气氛，提供学习资源，要鼓励和诱导学生的独立思考，帮助学生发现所学内容对个人的意义。

1.以本为本，创设情境，深入文本。课堂教学的时间是有限的，在四十分钟时间内，我们的教学设计必须要有所取舍。所选文本是节选自诺贝尔颁奖典礼上的发言稿，对职高学生来说文字节选内容看懂不难，理解略有难度，只有围绕文本展开，并对文本知识进行教学重组和再创造，让文本成为学生发散思维的源泉，才能深入文本，领悟文本。

2.以人为本，感悟细节，体会真情。本单元的单元教学要求就是学习人性美，具体到本篇课文则是要体会作者对父亲深沉的怀念。学习是自我发起的，即使其动力可能源于外界，但发现、获得、掌握和领会的感觉来自学生的自我体验。只有抓住文本的细节，结合自身体验，才能引导学生感悟体会。

四、教学过程

为了完成教学目标，解决教学重点突破教学难点，课堂教学我准备按以下五个环节展开。

（1）同感导入。

品读语句："我真的希望，我的父亲今天也能坐在这里。"

利用同理心，创设情境，阅读体会帕慕克的心境。

（2）寻找手提箱，体会手提箱外的父子情。

通过表格，引导学生有目的、有条理的梳理文本。抓细节描写，体会父亲对我的爱。

（3）打开手提箱，感受手提箱里的文学梦。

通过重点词语的解读，让学生走进父亲，走进笔记中感受，点出文学与现实的不同。

把复杂的问题简单化处理，围绕文本去解决问题，体会作者阐述的文学主张是如何呈现在自己的著作中的。

（4）小结全文，体会深情。

用诗意的语言为文本的阅读画上一个圆满的句号，让学生在诗意中体会深沉的父爱，感受作者对父亲深沉的怀念。

（5）作业布置。

寻找细节，写写父爱。

通过讲、练结合，反思生活中不为人注意的细节，达到情感教育的目标。

五、教学反思

情感体验加深，能从细节反思父母的深情。相信学生的文本阅读能力，特别是细节挖掘能力超出预期。文本把握特别是外国文学的阅读赏析有待加强。创新能力不足。

二、“三三三”校本培训

教学质量是学校的生命线，是学校内涵建设的核心要素。培训将以系列课堂教学改革实践研讨活动、撰写教学反思教学案例、申报课题、撰写论文成果为抓手，以提高教师核心素养为目标，让全体教师明确“湿地文化”引领下的学校教育教学改革的基本理念，更新教育观念，增强实施课改的自觉性和责任感，重新建构各层次教师发展目标。根据教师不同的层次、不同的目标，确定不同的培训内容，采用不同的培训形式。本培训从学校教师基本情况出发，从教师的基本功入手，从课堂入手开展系列培训。考虑到教学的综合性、延续性，培训模块从课堂出发，引领教师通过科研的手段，从教学设计（教学目标、课堂导入、教学过程、教学评价等）出发，组织教师进行教学研讨，并辅以相应的培训，从而引导教师进行教学反思、教学案例、论文的撰写以及课题的申报与研究。课堂是教育教学的主阵地，教师培训的出发点落脚点也应该是课堂。因此，在培训过程中，从课堂中引出问题，在研讨中解决课堂问题。

（一）项目介绍

培训目标人群：全校教师。

拟解决的核心问题：教师核心素养（教师基本功、教学设计、课堂组织、科研能力等）。

解决问题的方法途径如下：

①成立校本培训领导小组。

②组织塔基山讲堂、塔基山论坛、塔基山沙龙三种校本培训形式，分高级教师（名优教师）、中级教师、初级教师（新进教师）三个层次进行培训。

③分别完成三类不同作业，并分层进行考核。

培训预期效果如下：

①教师核心素养提升，催生2到3位学科带头人，4到6位骨干教师，新评5到6位高级教师。

②新教师站稳讲台。

（二）设计思路

为了充分发挥校本培训的优势，切实解决学校教师存在的不足，拟实施“三三三”培训模式，即三个培训层次、三个培训目标、三个培训形式。

根据学校现有师资构成，学校将专任教师分三个层次：高级教师（名优教师）、中级教师、初级教师（新进教师）。

三个培训目标：

①高级教师（名优教师）一学年内上好一堂优质观摩课，认领一两位小徒弟，指导一篇论文或课题。

②要求中级教师一学年内上好一堂特色研讨课，撰写一篇论文或主持研究一个课题。

③要求青年教师按照规范写好备课本、听课笔记、教学反思，并能在第一学期上好一堂亮相课。

三个培训形式：塔基山讲堂、塔基山论坛、塔基山沙龙。

①塔基山讲堂主要立足全体专任教师的培训，为外聘校外专家对学校教师普遍存在的问题进行指导，或校内优秀教师介绍先进的教育教学理念提供平台。

②塔基山论坛主要立足教研组内教师、教师小团体进行校本教研，为教学设计、教学反思、课题研究等提供平台。

③塔基山沙龙主要为校内教师之间、外校专家与校内教师之间进行交流合作搭建平台。

附:学校教师教学比赛获奖举例

2013年李碧荷老师获“创新杯”全国中等职业学校学前教育专业教师信息化教学设计和说课比赛二等奖。

2014年马黎霞和胡慧珍双双获全国创新杯说课大赛一等奖。

2015年诸再娣老师在全国“人教杯”中职学前教育专业教师教学技能大赛中喜获二等奖。

2015年欧阳中香老师在全国“创新杯”信息化教学设计和说课大赛中喜获一等奖。

2015年夏玮老师喜获全国“人教杯”公共艺术教学技能大赛二等奖。

2016年全国机械行业职业院校技能大赛——“亚龙杯”职业院校机电类专业教师教学能力大赛中职组电梯安装与维修赛，柯瑞省老师和章敏老师获得铜牌。

2016年杨阳老师获中职学校学前教育专业“创新杯”教师说课比赛一等奖。

2016年何业老师获中职学校德育课、美术课“创新杯”教师说课比赛一等奖。

2017年全国机械行业职业院校技能大赛——“亚龙杯”职业院校机电类专业教师教学能力大赛中职组电梯安装与维修赛项中，谢佳浩和施凯宇两位老师获得金牌。

附:学校部分优秀教师介绍

区级名师齐云飞

齐云飞，中共党员，浙江工业大学职业技术教育学硕士，高级教师。2000年8月到杭州市闲林职业高级中学工作至今，现为闲林职高教务处副主任。

“精心设计每一天，用心做好每一件事，没有最好，只有更好”，多年来，齐老师践行自己的人生格言，不断进取。先后被评为杭州市教坛新秀、学科带头人等荣誉称号。

16年的工作中，她当了12年的班主任，成功地带出了四届毕业生。她所带的班级多次被评为区市先进班集体。

从教以来，齐老师潜心教学，更新教育理念，不断探索语文教学规律和方法。她倡导民主的、开放式课堂，巧设问题，落实细节，使学生在轻松愉悦的氛围中自觉主动地学习。撰写科研论文21篇，多次获得国家、省、市、区奖项。因教学上的突出贡献，被推荐为余杭区中职语文大组组长、余杭区职教兼职教研员。

科研达人孙英俊

孙英俊，吉林双辽人，中共党员，高级教师。2001年毕业于吉林师范大学体育学院，2001年8月至杭州市闲林职高工作，现为闲林职高教科室副主任，余杭区体育大组成员，余杭区首批兼职教研员（体育学科），余杭区体育学会秘书，杭州市中小学体育教学研究会理事，杭州市职教首批教科研培养对象，第二届、第三届杭州市职教体育教研大组成员，中华职教社会员，中国体育科学会会员。曾获得余杭区教坛新秀，余杭区骨干教师、余杭区体育学科带头人、余杭区2008、2010、2016学年区教科研先进个人，全国教育科研先进个人（中国教育学会评选）等荣誉称号，公开发表论文40余篇，主编教材4本，个人专著1本，国家专利1项。

金牌导师柯瑞省

柯瑞省，男，高级教师，区教坛新秀，浙江省创新创业优秀辅导员，中等职业教育学习岛教学模式创始人。

工作至今获奖和发表的论文主要有：《EWB在中职电类教学中的实践应用与研究》获得区专题三等奖，《玩转"电子积木"巧用电子技术》和《中职班主任"主题班会"设计与组织的能力提升策略研究》分别获得余杭区学会论文三等奖，《创设有效情境，面向人人指导，培养技术能手》2015年在《经营管理者》发表，《中职班主任"主题班会"设计与组织的能力提升策略研究》2016年在《学周刊》发表等。

智慧教师王利平

王利平，本科学历，中共党员，高级教师。2000年8月到杭州市闲林职业高级中学工作。自2002年起，他开始担任学校学前教育组教研组长，2009年兼任年级组长，2014年在校中层竞岗中被学校聘为教务处主任。

作为班主任，王利平老师尊重每一个学生，关心、帮助每一个学生。本着公平、公正、公开的原则，对学生"动之以情，晓之以理"，精心营造"比、学、赶、帮、超"的良好学习氛围。坚持每学期都进行家访。18年来，他所带的班级多次被评为市、区级先进班集体。在2006年和2009年的浙江省学前教育专业高职技能课考试中，所带班级的学生获得全省第一名的好成绩。

作为一名技能课老师，他指导排演了许多舞蹈节目。《远山的孩子》《巾帼》在浙江省学前教育专业学生三项技能比赛中分获二、三等奖；《鸽子花开的时候》《蚕房里的笑声》连续获浙江省中小学艺术节舞蹈比赛二等奖；《天涯共此时》《春江古韵》《欢乐的银铃声》《苗女》《俏花旦》《傲雪》《鸽子花开的时候》《蚕房里的笑声》《心声》等连续九届获“余杭区中小学生艺术节舞蹈比赛一等奖”。多次荣获“优秀指导教师奖”。学前教育专业的学生连续四年在浙江省学前教育专业高职技能课考试中获全省第一名，为学校、余杭区甚至杭州市都争得了荣誉。

担任学前教研组组长期间（兼任杭州市中职学前教育专业大组成员和余杭区中职职教大组成员），先后带领学前教育组获得了区巾帼文明示范岗、校本教研先进教研组、声乐舞蹈艺术特色学校、教育创新示范岗、教育先锋号等荣誉。

王利平老师撰写的论文在省、市、区均有获奖，并有一个课题在杭州市立项。他探索“自主—合作—探究”教学模式，强调“做中学，做中教，教学做合一”的职业教育理念，树立以人为本，自主学习，合作共赢的教学意识，创设宽松和谐的课堂教学氛围，促进学生全面和谐发展。

良好的师德和务实的工作作风使他取得了优异的成绩：

2004年度被评为余杭区教育系统优秀团员；

2005年度被评为余杭区第十届教坛新秀；

2006年度被评为校级学生最喜爱的老师；

2007年度被评为余杭区教育系统青年岗位能手；

2008年度被评为杭州市职教教坛新秀；

2010年度被评为杭州市优秀班主任；

2011年度被评为余杭区教育系统党员积极分子；

2013年度被评为余杭区教育系统党员积极分子；

2013年度被评为余杭区教育系统“最美教师”；

2015年度被评为校级“校园年度人物”“优秀教育管理者”“学生最喜爱的老师”；

2017年被教育局评为骨干教师。

第五节　教育科研

教育科研有利于解决教育教学实际问题，有利于提高教育教学的质量和水平，有利于推动教育科学不断发展，是促进教师专业发展的有效途径，是教师创造人生价值的需要。闲林职高在教科研上特色主要可以概括为立足教学、课题引领、专家把脉。

一、立足教学

实践证明，脱离课题教学的教育科研对于一线教师而言是无效的，只有扎根于教学实践的教育科研才是真科研。学校教科室紧紧围绕上述观点与教务处紧密合作，开展了系列教师教育科研培训与指导。

以《关于开展二〇一七学年第二学期杭州市闲林职业高级中学“教·研能力大赛”系列评比活动的通知》为例，充分将教研与教学结合，开展学校活动。

关于开展二〇一七学年第二学期杭州市闲林职业高级中学
“教·研能力大赛”系列评比活动的通知（摘选）

为了切实加强教师队伍建设，充分调动学校教师积极投身于课堂教学改革，建设一支高素质的师资队伍，同时响应区教育局师能建设“五个一”活动的号召，激发年轻教师课堂教学改革的热情，本学期，决定于2017年3—6月举行杭州市闲林职业高级中学“教·研能力大赛”系列评比活动。通过系列评比活动，进一步提高教师的专业水平、业务能力，推动学校教学改革的实效性，全面提高教学质量，现就具体活动安排如下：

一、参加人员

全校35周岁以下教师。其中，符合年龄要求的语文、数学、英语、体育、德育财会、计算机、电工电子、学前教育、园林教师必须参赛，鼓励其他教师积极参加。

二、竞赛内容及要求

（一）教学设计评比

教学设计及作品报送时间：2017年2—3月，作品递交截止时间3月13日。

教学设计思想：体现中职文化基础课和素质教育课程“加强教学的针对性、实效性和时代性，贴近学生、贴近生活、贴近专业，培养学生基本科学文化素养、服务学生专业学习和终身发展”的改革目标；贯彻现代教育思想和教学理念，充分利用信息技术、数字化资源和信息化环境，在教师角色、教学内容、教学方法、互动方式、考核与评价等方面有所创新；强调思维提升和综合实践活动，增加学生学习兴趣和提高学习效果。

教学设计内容：针对规定使用教材，可以以1～2课时或一个教学单元的教学内容进行设计。一般包括授课班级的年级、专业、学生数和授课时间，教学内容，教学目的及要求，学情分析，教学方法，教学环境设计及资源准备，教学重点、难点和关键点，教学过程及时间分配，教学反思等。教学过程环节必须附“设计意图”，教学设计后须有“创新点评”。整个设计提倡板块清晰，教学主问题突出，语言简洁明快。

（二）微课评比

作品拍摄及提交：2017年3月1日—3月27日。

微课程是指以微视频为中心，围绕单个知识点或技能点开展的简短、完整的系列教学活动。一个完整的教育微课程大赛作品选题要简明，结构完整、逻辑清晰，用规范的技术和语言，要达成教学目标且形式新颖、精彩有趣。

微课程制作大赛作品提交要求：

（1）聚焦：微课程的时间控制在10分钟以内（左右），要求教师自选一门课程的一个知识点或技能点精心设计与制作，这个知识点是针对学生学习时的重点、难点、考点或易错点，并具有较大的教学价值，鼓励制作系列化微课程。

（2）规范：规范学术用语，表述清晰、有条理。画面合理布局，成像清晰，无质量缺陷。拍摄录相时可采用录屏软件、手写板、电子白板、iPad、手机、高清或DV摄像机、数码相机等多种采集设备，并对拍摄到的视频进行编辑。

（三）课堂教学比武

比武时间：第6周（3月27日—4月14日）课堂评比武。文化课教师在清明节前一周，专业课教师在清明节后一周。请各参赛教师在3月22日前将自己在规定时间内的上课日期和上课班级报给教研组长，教研组长在22日下班前上报教务处齐云飞老师。如有时间冲突，教务处将统一协调。

本次课堂教学比武是在教学设计的基础上进行的，用课堂教学来检验教学设计的科学性、创新性和可行性。在实践中反思，在反思中成长。比武教师同时要求进行课堂录像。比武教师需每人写一份课后反思或教学随笔。该教研组组长组织一次研讨和交流，并详细记录活动过程（整理成电子稿）。

（四）说课评比

在教学设计和课堂教学的基础上，为了进一步加强学科组的交流，提升教师的反思能力，学校将开展说课展评活动。

参与对象：每组推荐2~3人参加校级评比。

活动时间：4月21日文化课说课评比，4月28日专业课说课评比。

活动要求：说课时需有相配套的PPT，说课教师需在4月20日、4月27日前将说课稿和相关课件打包发给组长，由组长统一发给教务处齐云飞老师。

（五）教学小课题评比

为培养教师“时时有科研，处处要科研”的意识，教学科研贯穿以上各项比赛的始终，教师根据活动心得、体会，积极撰写教学小课题，学校将开展教学小课题评比活动。

活动时间：4月28至5月10日。

活动要求：按照余杭区教师小课题申报格式进行申报，要求写明课题申请背景、课题研究思路、预计取得的成果等。请参评教师将课题于5月10日前将课题方案打包发给组长，由组长统一发给教科室孙英俊老师。

（六）教学论文评比

在教师参加以上各项活动的基础上，教师们对教学设计的创作、实施、效果等肯定有许多收获，为此，学校特组织教学论文评比活动。

活动时间：4月28日—5月20日。

活动要求：按照余杭区学会论文要求撰写，请参评教师将论文于5月20日前将课题方案打包发给组长，由组长统一发给教科室孙英俊老师。

三、参评评委

校级领导、教务处、教科室、年级组、各教研组负责人及部分名优教师，届时学校会分阶段请市区相关学科专家参加。

以上六项比赛活动皆将纳入教研组考核和教师个人考核，希各教研组按照学校要求制定相关实施方案并积极实施。在活动全部结束

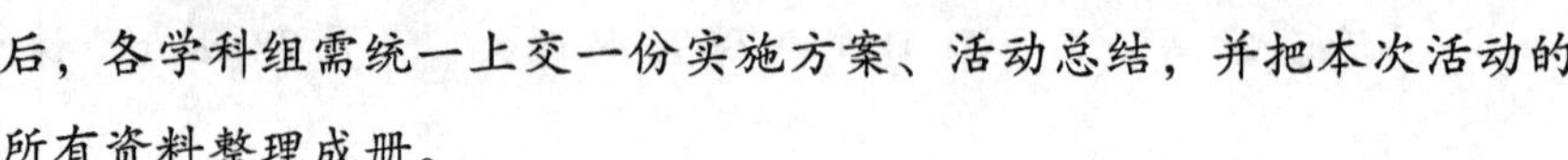

后，各学科组需统一上交一份实施方案、活动总结，并把本次活动的所有资料整理成册。

二、课题引领

教育科研必须要有计划，有方案，而申报课题就是提高教师教育科研意识和能力的有效途径。学校实施校级课题、区级课题、市级课题、省级课题及国家课题的分级管理模式。同时，在课题申报要求上除个人申报课题之外，要求每个教研组要集中相关教师申报组内课题。在课题管理上，通过钉钉办公软件按年份组建课题负责人共同体，定期召开课题管理专题会议及沙龙。

附:学校立项课题汇总示例

表2-4-5-1　2016年1月至2018年9月学校立项课题汇总

主持人	课题类别	课题名称	级别	立项时间
丁卫东	2016省成人教育与职教协会	中职国际理解教育学习项目设计与实践研究——以学前教育专业为例	省级	2016.6
干杏明	2016省成人教育与职教协会	“紫罗兰四维一体”自主发展校本培训的实践与研究	省级	2016.6
饶先于	2016省成人教育与职教协会	中职计算机基础学困生成因调查及对策研究	省级	2016.6

续表

主持人	课题类别	课题名称	级别	立项时间
柯瑞省	2016省成人教育与职教协会	过程评价在中职电类专业微项目教学中的实践与研究	省级	2016.6
齐云飞	2016省成人教育与职教协会	后现代职高生青春期一主三分式性教育模式构建研究	省级	2016.6
吴森	2016省成人教育与职教协会	基于156A实训平台的选择性课程在中职电气专业的开发建设与实践研究	省级	2016.6
周秋伟	2016省成人教育与职教协会	基于“错误”案例的中职数学教学有效性研究——以杭州市闲林职业高级中学研究为例	省级	2016.6
孙英俊	2016省成人教育与职教协会	中职学前教育专业幼儿户外体育设计与实施校本课程的开发与实践	省级	2016.6
包胡凌泰	2016省成人教育与职教协会	异质协作组:城郊中职教师课程执行力提升载体的设计与实践研究	省级	2016.6
丁卫东	2016省成人教育与职教协会	禅茶文化孕育下的中职绿色技能人才培养途径与策略	省级	2016.6
包胡凌泰	2016省成人教育与职教协会	一专多能·四段助推——基于附属幼儿园“小先生”人才培养模式的现代学徒制研究与实践	省级	2016.6

续表

主持人	课题类别	课题名称	级别	立项时间
柯瑞省	2016省成人教育与职教协会	基于“学习岛”的中职电子专业微项目教学实践与研究	省级	2016.7
孙英俊	2018浙江省职业技能教育研究所	技工学校学生体育社团开展的现状与长效机制研究	省级	2018.5
孙英俊	2018年吉林省教育厅社会科学规划办	吉林省做好做优冰雪旅游产业的策略与路径研究	省级	2018.3
周秋伟	2016杭州市教育局教育教学科研课题	基于“错误”案例的中职数学教学有效性研究——以杭州市闲林职业高级中学研究为例	市级	2016.7
丁卫东	2016市中职教育教学科研课题	职国际理解教育学习项目设计与实践研究——以学前教育专业为例	市级	2016.7
诸再娣	2016市中职教育教学科研课题	中职学前《视唱练耳》课“弹、唱、听、辨”四维教学范式的设计与实践	市级	2016.7
吴森	2016市中职教育教学科研课题	基于“156A实训平台”的选择性课程在中职电气专业的开发建设与实践研究	市级	2016.7

续表

主持人	课题类别	课题名称	级别	立项时间
包胡凌泰	2017市中职教育教学科研课题	一专多能•四段助推——基于附属幼儿园“小先生”人才培养模式的现代学徒制研究与实践	市级	2016.7
孙英俊	2017市中职教育教学科研课题	杭州市中职生体育俱乐部开展现状与对策研究	市级	2016.7
柯瑞省	2017市中职教育教学科研课题	基于“学习岛”的中职电子专业微项目教学实践与研究	市级	2016.7
齐云飞	2017市中职教育教学科研课题	幼儿园语言教育活动项目校本教材的开发与实践	市级	2016.7
周丹	2018市中职教育教学科研课题	中职电类专业数学三微•三动•三比教学范式的设计与实践研究	市级	2018.6
何业	2018市中职教育教学科研课题	中职学校青春健康教育现状分析及应对策略研究	市级	2018.6

续表

主持人	课题类别	课题名称	级别	立项时间
张青青	2018市中职教育教学科研课题	中职学前教育专业《绘图会语》口语校本教材开发与实践	市级	2018.6
周丽秋	2018市中职教育教学科研课题	中职学前教育专业合唱校本教材的开发与实践	市级	2018.6
唐仲康	2018市中职教育教学科研课题	园林专业茶树种植养护的实训教学设计与实践研究	市级	2018.6
干杏明	2018市中职教育教学科研课题	中职教师专业发展“三·三·三”校本研训模式设计与实践	市级	2018.6
柯瑞省	2016区陶行知	“过程评价”在中职电类技能微项目教学中的实践研究	区级	2016.4
廖晓丽	2016区陶行知	中职学前教育专业学生自我同一性发展现状与对策研究	区级	2016.4

续表

主持人	课题类别	课题名称	级别	立项时间
诸再娣	2016区陶行知	中职视唱练耳课程“欲唱先弹”教学范式设计与实践	区级	2016.4
干杏明 孙英俊	2016区陶行知	基于教学方法自主选择能力与应用养成的校本培训研究	区级	2016.4
孙英俊	2016区陶行知	中职学前教育户外活动课程设计与实施	区级	2016.4
梁丽艳	2016区陶行知	新课程下中职电类专业采用校企合作模式的实践与研究	区级	2016.4
齐云飞	2016区陶行知	后现代职高生青春期一主三分式性教育模式构建研究	区级	2016.4
孙英俊	2016区陶行知	师生研究“共同体”：校本课程开发的有效途径	区级	2016.4
包胡 凌泰	2017年区规划	校·园·企·协：双体四导下的师徒共进式现代学徒制研究——以××学校学前教育专业研究为例	区级	2016.4

续表

主持人	课题类别	课题名称	级别	立项时间
孙英俊	2017年区规划	中职生“体育俱乐部”的设计与实施研究——以余杭区研究为例	区级	2016.4
柯瑞省	2017年区规划	关于电子技能课堂教学中小组合作组织策略的实践研究	区级	2016.4
罗利娟	2017年区规划	中职体育课主次“捆绑式”模块教学的设计与实施研究	区级	2017.5
张青青	2017年区规划	中职语文信息化教学资源应用的案例研究	区级	2017.5
廖晓丽	2017年区规划	中职学生自我同一性发展现状调查——以学前教育专业学生为例	区级	2017.5
饶先于	2017年区规划	中职计算机基础学困生成因调查及对策研究	区级	2017.5
唐仲康	2018年区规划	闲林塔基山地区茶树种植养护与园林课堂实训结合的方案设计研究	区级	2018.1

续表

主持人	课题类别	课题名称	级别	立项时间
张艳辉	2018年区规划	中职电类专业英语六步教学的设计与实践研究	区级	2018.1
葛龙	2018年区规划	中职物理教学学生发散思维能力培养策略的研究——以学前教育专业为例	区级	2018.1
魏伊莉	2018年区规划	中职语文省编实验教材外国文学作品的教学特质剖析与教学策略研究	区级	2018.1
周丹	2018年区规划	中职电类专业数学三微•三动•三比教学范式的设计与实践研究	区级	2018.1
齐云飞	2018年区规划	基于核心素养背景下的幼儿语言教育活动项目校本教材的开发与实践	区级	2018.1
周丽秋	2018年区规划	中职学前教育专业合唱校本教材的开发与实践	区级	2018.1

三、专家把脉

一线教师进行教科研必须借助专家这一外力，为此学校通过各种途径要求校外专家来校进行教科研学术讲座和学术指导。同时还与相关高校科研团队建立合作伙伴，进行师徒结对。目前学校已有11位青年教师和雷正光（上海市教育科学研究院职成教所研究员）、周文涌（杭州市职业教育与成人教育中心特级教师）、杜慧洁（浙江工业大学教授）、刘辉（浙江工业大学副教授）、吉学武（吉林师范大学教授）等教育界名师定下师徒关系。

近年来，学校已经形成较强的科研实力，年轻教师教研训成果丰硕，科研氛围浓厚。为了搭建更多的平台，创造更多机会，将学校教研训工作推向新高度，在杭州市职业教育与成人教育研究室领导的关心下学校成立了教研训骨干团“蒙学团”，并由科研部张灵仙主任亲自担任首席导师。学校成为第一批“杭派教法”培育基地学校。

附:中职学校学术指导委员会章程示例

杭州市闲林职业高级中学学术指导委员会章程（试行）

第一章　总　则

第一条 为加强学校学术管理，不断提高学校教学、科研水平和服务社会能力，依据上级有关规定，结合学校实际，设立杭州市闲林职业高级中学学术指导委员会，并制订本章程。

第二条 本会是杭州市闲林职业高级中学校长室直接领导下的学术组织，在学校教科室指导下开展工作。

第三条 本会会员为五年一届，首届委员由学校直接聘任。

第二章　职　责

第四条 组织本校从事学校管理、教育教学研究的教育工作者开展学术活动。研究学校管理、教育教学的理论和实际问题，提升学校的办学水平。组织教育工作者进行理论学习，提高教育工作者的教育教学理论水平和教学业务能力；做好课题管理工作，指导教育工作者开展课题研究，通过课题研究促进教师的专业发展；做好论文征集、选送、评审工作；按期做好科研成果鉴定评奖工作。

第三章　会　员

第五条 会员必须具备如下基本条件：

1.自愿加入本学会，拥护本学会章程；

2.自觉履行会员义务；

3.积极参与学校管理、教育教学、教师队伍建设等的科学研究和教育改革实践活动；

4.在学校管理、教育教学及教师队伍建设等科学研究与实践领域中在本地区有一定的影响；

5.在学校管理、教育教学及教师队伍建设等科学研究中有一定的研究成果（论文、论著），承担或参与省、市级课题研究并取得了一定的成果。

第六条　会员享有以下权利：

1.在本学会内会员有选举权、被选举权和表决权；

2.参加本学会组织的各种教育教学的研究活动；

3.在对外交流活动中享有优先权；

4.对学校教育教学工作及教师队伍建设等教科研工作进行评估并提出批评和建议。

第七条　会员所参与的学校相关学术指导工作根据学校教师加班规定给予计算。

第八条　会员的义务：

1.遵守本学会的章程，自觉的履行会员义务；

2.执行本学会的决议，完成学会分配的科研任务；

3.维护本学会学术的权威性；

4.积极参与学校管理、教育教学、教师队伍建设等教育教学的改革实验及学术交流活动；

5.定期向学会提交学术论文，提供有关学术资料，每年在本学科内作学术报告至少一次；

6.积极指导本学科的省、市级课题研究工作。

第九条　会员任免：

学术委员会委员有下列情形之一的，不再担任委员：

1.本人书面申请辞去委员职务并获主任批准。

2.工作调整不便继续担任。

3.连续三次无故缺席委员会会议，或连续两年不能参加委员会会议。

4.违反本章程有关规定。

5.因其他原因不宜继续担任委员职务。

因上述原因出现的委员缺额，可由校学术委员会主任或常务副主任在征求有关方面意见的基础上提名，经校学术委员会表决产生替补人选。

第四章　组织机构

第十条　学术委员会由主任、秘书长及委员若干名组成。

第十一条　学术委员会主任、秘书长由学术委员会会员民主选举产生，任期三年。

第十二条　学术委员会委员，教研组长推荐，学校行政通过资格审查并由学术委员会全体会议通过。

杭州市闲林职业高级中学学术指导委员会（筹）

二〇一八年三月五日

附:部分教师公开发表论文汇总

[1]孙英俊.体育教学设计的“四要素”[N].中国体育报,2007-07-25(7).

[2]孙英俊.体育三字经心语[J].运动,2011(1):66.

[3]秦海贵,孙英俊.农村初中体育与健康理论课教学现状分析与对策研究[J].佳木斯教育学院学报,2011(3):254-255.

[4]张春艳.提高英语词汇教学有效性的九种策略[J].学周刊,2011(28):192-193.

[5]莫豪庆,孙英俊.如何开展体育教师基本功演练活动[J].职业,2011(32):61.

[6]程世宏,孙英俊.新教师如何走进新课程[J].学周刊,2011(34):171.

[7]方燕芬.跳跃的字母舞动的课堂——谈幽默教学法在中职英语课堂上的实践运用[J].黑河学刊,2012(9):154-155.

[8]程世宏,孙英俊.让教研活动成为体育教师专业成长的有效捷径——以浙江省杭州市余杭区为例[J].青少年体育,2012(1):81,112.

[9]孙英俊.提高学生耐久跑参与度的2个策略[J].运动,2012(21):42-43.

[10]孙英俊,李海泉.青少年体育训练准备活动有效性提高策略探析[J].青少年体育,2012(2):35,36.

[11]赵娜.中职数学课堂教学中德育渗透的途径与策略探析[J].学周刊,2013(8):72-74.

[12]成学辉.提升中职生《职业生涯规划书》实效性的适情任务驱动策略研究[J].学周刊,2013(14):8-10.

[13]孙英俊.余杭区2012年高中耐久跑、实心球、立定跳远测试成绩的分析研究[J].青少年体育,2013(4):111-113.

[14]贾忠华.中职电工技能课“共同研讨法”教学实践与思考[J].学周刊,2014(11):34-36.

[15]赵娜.探析中职数学课堂教学生活化的途径与方法[J].学周刊,2014(11):106-108.

[16]孙英俊.校园体育文化与名校建设[J].运动,2015(1):52.

[17]申海滨.变中激趣,趣中促效——中职数学多元表征的变式教学实践探究[J].学周刊,2015(2):50-52.

[18]马黎霞.提升中职学前教育专业学生语言领域教学能力的途径探索[J].学周刊,2015(5):59-61.

[19]陈云.中职学前教育专业语文的有效教学及其价值追求探讨[J].教育现代化,2015(7):92-93.

[20]谢先成,丁卫东.校长应成为教师专业发展的奠基人——访杭州市闲林职业高级中学校长丁卫东[J].教师教育论坛,2015(12):8-10.

[21]柯瑞省.中职班主任“主题班会”设计与组织的能力提升策略研究[J].学周刊,2016(5):19-21.

[22]欧阳中香,谷亨利.学校大课间跑操活动的3点思考[J].运动,2016(1):46-47.

[23]欧阳中香,谷亨利.刍议学校健美操队的组建、训练与管理[J].运动,2016(3):52-53.

[24]马娴青.思维导图在职高英语阅读教学中的实践与研究[J].英语教师,2016(5):94-96.

[25]王炜,孙英俊.杭州主城区中职生体质健康水平的现状及对策研究——以2014年抽测数据研究为例[J].运动,2016(7):73-75.

[26]孙英俊,谷亨利,欧阳中香.刍议校园跑操设计与组织[J].运动,2016(10):114.

[27]孙英俊,谷亨利,欧阳中香.中职学前教育专业幼儿户外体育活动校本课程研究[J].西部皮革,2016(16):296.

[28]王定.中职数学课堂提问存在的问题与改进建议——基于2016区调研观摩活动的思考[J].学周刊,2017(2):155-158.

[29]王定.中职数学实施数形结合教学的四个路径[J].学周刊,2017(5):87-89.

[30]谷亨利,孙英俊.从教学细节论体育课堂教学质量的提高[J].教师教育论坛,2017(2):57-59.

[31]周丽秋.学前教育师资声乐审美感知力的培养[J].艺术教育,2017(14):103-104.

[32]孙英俊.排球扣球技术动作的力学分析[J].中学物理教学参考,2017(20):68-69.

[33]朱斌斌.分组合作教学法在中职学生乒乓球教学中的实践——以杭州市闲林职业高级中学为例[J].当代体育科技,2017(28):102-105.

[34]俞琦.中职德育课情趣化课堂构建的三个维度[J].中国现代教育装备,2018(4):74-77.

附:学校部分教师出版教材、专著汇总

1. 丁卫东、凌静著《中职学习型教研组织的功能与机制研究——基于一所职业高级中学的实践探索》,上海大学出版社。

2. 莫豪庆、孙英俊编著《基层体育教师论文撰写的六项修炼》,东北师范大学出版社。

3. 莫豪庆、孙英俊编著《中小学体育教师召开与职称晋升指南》,东北师范大学出版社。

4. 程世宏、孙英俊编著《中小学体育教学单元设计实践研究》,九州出版社。

5. 孙英俊主编《听说教写考——体育教师专业发展的五个维度》，九州出版社。

6. 孙英俊主编《幼儿园户外体育活动设计与组织》，吉林大学出版社。

7. 孙英俊著《基础教育一线教师教科研论文撰写的七个环节》，延边大学出版社。

8. 吴关兴主编《电工技能与实训（初级）》，清华大学出版社。

9. 吴关兴主编《电子技术基础与技能（电类专业通用）》，清华大学出版社。

10. 吴关兴主编《手把手教你做课件——Flash课件制作实例详解》，清华大学出版社。

11. 吴关兴、金国砥、鲁晓阳编著《维修电工中级实训》，人民邮电出版社。

12. 吴关兴主编《电工技能与实训（中级）》，清华大学出版社。

13. 吴关兴主编《楼宇智能化系统安装与调试》，中国铁道出版社。

14. 吴关兴主编《印制电路板设计与实训（高级）》，清华大学出版社。

15. 吴关兴主编《智能楼宇系统操作与实训》，清华大学出版社。

第六节 专业建设

历经半个世纪的办学，目前学校初步形成了现代制造类、文化教育类和园林艺术类三大专业集群，下设学前教育、电子与信息技术、机电技术应用、机电设备安装与维护（电梯运行与维护）、园林技术、数字媒体技术应用六大专业。学校在原有的基础上，强化主体专业，打造特色专业，逐增新兴专业，夯实三大专业集群，全力把机电设备安装与维护（电梯运行与维护）、学前教育、园林技术等专业建设成为在全市乃至全省中职教育中具有示范和标杆作用的特色专业。

一、学前教育专业

学前教育专业创办于1984年，倡导“以职业活动为导向，以职业能力为核心”的教学理念，学校牵头成立了杭州市余杭区中职学前教育专业指导委员会。该专业旨在培养优秀的幼儿园教师、幼儿园保教人员和婴童行业从业人员。

该专业先后被评为区级巾帼文明示范岗、区级教育创新示范岗、区级教坛先锋号，也是浙师大杭州幼儿师范学院大专教学点、金华职业技术学院师范大专教学点。30多年来，该专业培养了3 000多名毕业生。毕业生们遍及省、市、区各个城乡幼儿园，涌现出大批幼教骨干，据不完全统计，余杭区75%以上的幼儿园园长来自学校，成为本区学前教育事业的中坚力量，为地方学前教育事业的发展做出了巨大贡献。

目前，学校学前教育学科组共有22位专业教师（含2位外聘教师），其中中共党员10人，学科带头人2人，高级教师5人，浙江省“春蚕奖”得主1人，区名校长1人，杭州市教坛新秀6人，杭州市优秀班主任1人，余杭区学科带头人2人，余杭区骨干教师6人，研究生3人，攻读在职研究生2人，省级保育员考评员6人，省级普通话测试员1人，具有国家级心理咨询师资格的教师1人。

主要专业课程设置有声乐、钢琴、舞蹈、美术、口语、幼儿教育学、幼儿心理学、幼儿卫生学、幼儿活动设计、保育、手工制作等。专业建有琴房70间、声乐教室3个、合唱教室1个、美术教室4个、色彩教室1个、手工教室1个、舞蹈教室3个、数码钢琴教室2个、音乐辅导室2个、幼儿园活动室1个、语音教室1个、MIDI音乐制作综合实验室1个，还有民乐、铜管乐、电声乐、手风琴等器乐室。目前，本专业的特色用房正在建设中，极具特色和使用价值的“小剧场”将闪亮登场，这将为学生提供更多展现才华的舞台。

学校积极推进本专业的特色发展，2014年成功举办了学前教育专业办学30周年成果展示活动，当中，表演唱《虫虫的圣诞节》受邀在浙江少儿频道演出，《龙船调》获市、区艺术节一等奖，《鸽子花开》和《绿色的诗情》在市、区获奖。2015年成立了闲林职高教育集团附属幼儿园。

二、电子电工专业

电子电工专业创办于1986年，是学校的主体专业。在发展中，专业坚持将教育、教学、科研、生产、培训等紧密结合，取得了显著成效。经过近30年成长，专业已成为“浙江省示范性专业”与“浙江省电子电器维修与应用专业实训基地”，先后获得过“精益求精岗”“党员先锋模范岗”等荣誉称号。

目前，专业设置细分为电子电器应用与维修3+2、机电技术应用（数控方向）3+2、机电一体化（电梯方向）、机电一体化（电气自动化方向）、电子技术应用五类。专业的创新教育硕果累累，从2008年至今，学生累计783项个人设计成果获得了国家专利。迄今为止，本专业已向社会输送了3 000余名毕业生，为各企事业单位培养了一批批创新型多技能人才。

专业师资力量雄厚，现拥有13位在职在编专业教师。其中11名双师型教师，区学科带头人1位，中高级教师8位，区骨干教师3位、市教坛新秀3位、区教坛新秀4位、还有多名教师被评为“青年岗位能手”以及余杭区“先进工作者”“优秀班主任”“优秀团员”等荣誉称号。

专业实训设施齐全、设备先进。现拥有数控实训场、机床排故实训室、工厂电气控制实训室、家居布线实训室、电梯运行与控制实训室、电工基本电路安装与测试实训室、电气安装与调试实训室、光机电一体化实训室、单片机安装与调试实训室、可编程控制器实训室、电子基本电路安装与调试实训室、电子产品安装与调试实训室、电子综合实训室、电子元器件与电路基础实训室、Protel实训室、多媒体综合教室共计16个实训室，实训储藏室2个。实验、实训开出率达100%，完全满足教师、学生日常教学和实训之需。

专业积极构建和完善校企合作机制，成立教育集团，与杭州诺贝尔集团等知名企业建立合作关系，推动产教学三位一体，实现校企无缝对接。学校重资投入的“学生创业孵化园”正在积极建设和完善中。

(一)学习岛教学改革

课程改革，对接岗位改革评价。协助学校进行专业课程体系的改革，改革课程内容和教学方法，实现“两个对接”。①课程内容与工作内容对接：以职业岗位分析为起点，以企业实际生产过程为导向，以职业岗位任职及职业发展要求为依据，构建工作过程系统化课程体系。②教学过程与工作过程对接：与企业深度合作，校外加大教学功能完备的校外实训基地建设力度，校内建设生产性实训基地、理实一体化教室、仿真实训室、虚拟实训室等，根据企业生产规律，精心设计教学时间与空间，避免教学与企业生产的矛盾，实施多学期、分段式教学组织模式。电梯专业教学过程中采取“学习岛”的教学管理模式，如图2-4-6-1所示，教师的“教”和学生的“学”的效率得到极大提高，同时使学生对电梯专业的学习产生了兴趣，技能水平也逐渐得到了普遍提高。

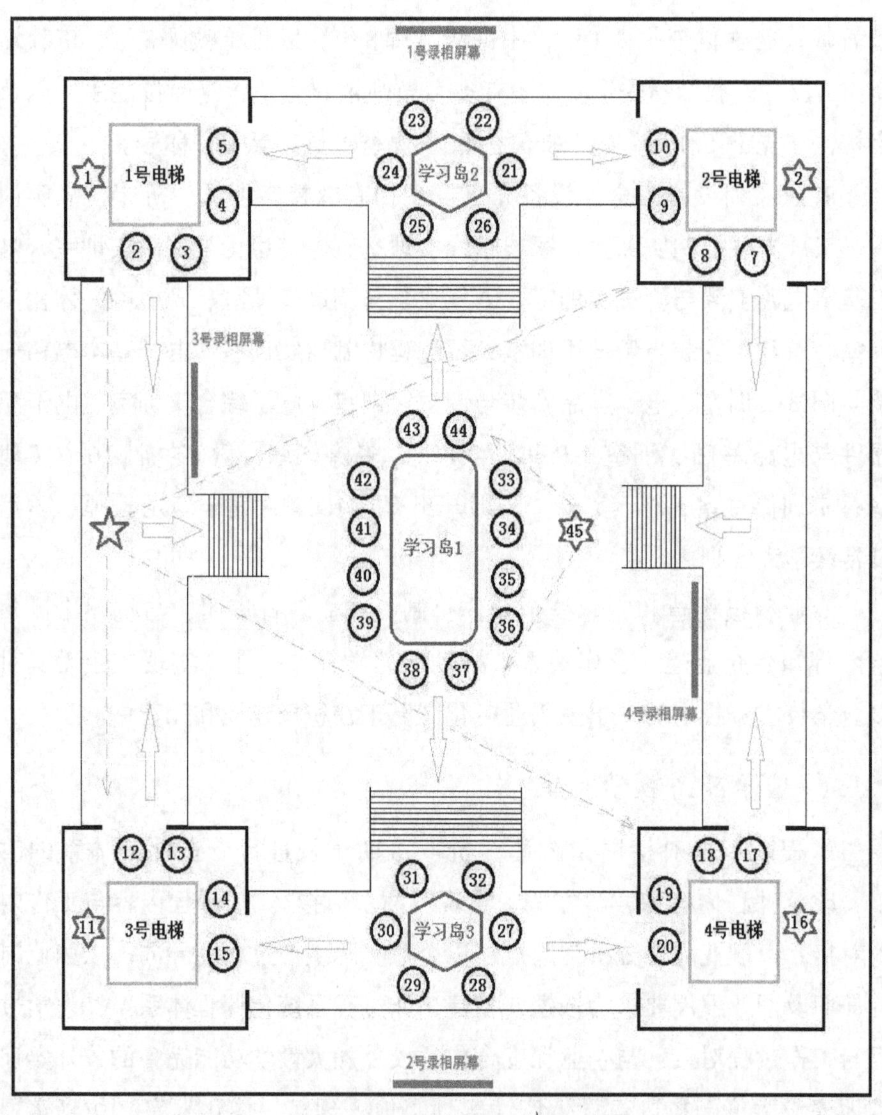

图2-4-6-1　学校电梯专业教学采取的“学习岛”教学管理模式示意图

（二）课程体系的建设

根据专业特点，于2015年3月，学校分别与浙江华立集团、浙江中博光电、荣安电梯、浙江亚龙教育设备有限公司等多家企业进行合作，将企业的师傅特聘为学校教师，担任专业核心课程的任课教师，以企业的标准要求学生，将企业的要求课程化。目前为止，机电专业分别开设了“电梯安装与维修”“电梯维护与保养”等系列核心课程。

学校还和湖州职业技术学院、杭州市职业技术学院建立了合作关系，和浙江亚龙科技有限公司开展了合作关系，先后成立了崔立军大师工作室和杨鹏远大师工作室，通过大师的指导来加强学校的机电设备安装与维修（电梯运行与维护）专业的发展。

以创建浙江省中职特色优势专业建设为契机，强化顶层设计和全面规划，提升专业品质，加强品牌建设，在课程建设、专业人才队伍建设和硬件设备更新升级等方面加强建设力度，积极开展和相关知名企业和知名大学在技术领域的合作，通过每年的全国中职教师电梯安装与维护行业赛和全国中职学生电梯安装与维护大赛的磨炼，提升学校的电梯专业课程在省内乃至全国的知名度。

选择性课程改革实施“选择+分享”的课程体系建设思路，旨在让企业、学校、教师、学生充分参与中职学校的选择性课程开发的全过程，把企业人才要求标准和规格渗透到选择性课程目标之中。在选择性课程改革中，充分挖掘并提供企业实践案例，把企业界最新的技术成果、市场信息渗入选择性课程之中；企业人士参与课程建设、课程实施、课程评价，使中职选择性课程改革课程更加贴近市场、贴近岗位，使学生学以致用。课程体系的构建应以提高学生的学习能力、交流沟通和团队协作能力，提高学生的实践能力、创造能力、就业能力和创业能力为原则。因此，课程体系需进行系统设计，以达到培养学生综合职业能力的目的。依据专业人才培养目标，结合浙江省选择性课改要求，构建电子电工专业（电梯方向）选择性课程体系，如图2-4-6-2所示。

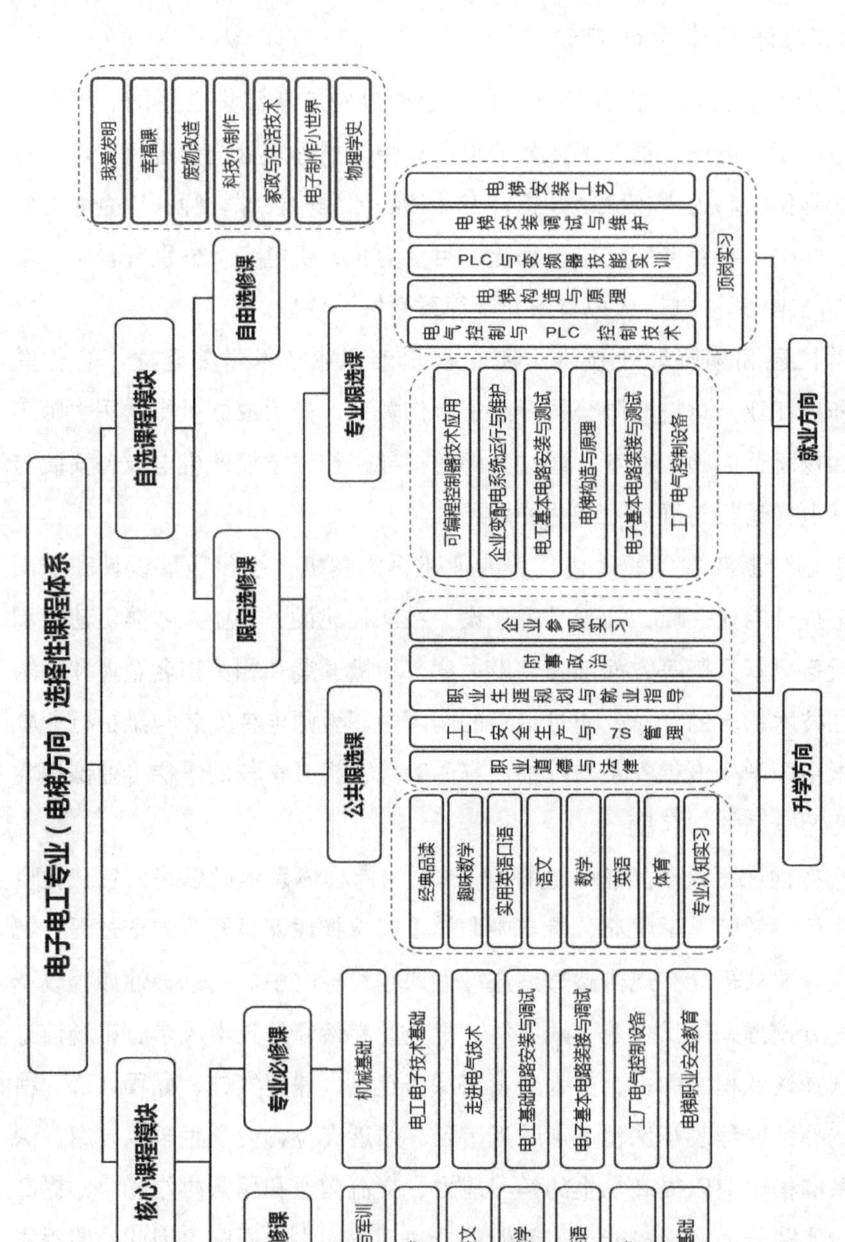

图2-4-6-2　学校电子电工专业（电梯方向）选择性课程体系

（三）校企合作式办学

专业积极构建和完善校企合作机制，成立教育集团，与杭州诺贝尔集团等知名企业建立合作关系，推动产教学三位一体，实现校企无缝对接。合作单位浙江中博光电科技有限公司、华立仪表股份有限公司接连被评为2014年度和2015年度“杭州市优秀职业教育校外实习基地”。

第一，实施一标准化、专利化“双化引领”的工学结合运行机制。

学校工学结合人才培养模式处于探索研究阶段，学校与浙江中博光电科技有限公司进行校企合作。该公司是一家专业从事研发、生产、销售LED绿色照明产品的高新技术企业。由浙大网新控股，注册资金6 326万元，生产基地5 500平方米，致力于半导体照明核心技术的研发和产业化。公司与学校及时沟通信息，充分发挥各自的优势，实现优势的互补，达到了培养技术型人才的目的。学生在工学期间主要是采取现场教学，学生深入生产车间，跟班运转了解和掌握生产中的实际问题，将书本知识和实践技能方法融会贯通，从而达到校企合作模式下的工学结合人才培养目标。

第二，强化“职业体验”为主题的现代学徒制试点。

机电设备安装与维修（电梯运行与维护）专业引入“现代学徒制”理念，分享企业职业要求，开展职业体验活动。根据专业特点，于2015年3月，学校分别与浙江华立集团、浙江中博光电、荣安电梯、浙江亚龙教育设备有限公司等多家企业进行合作，将企业的师傅特聘为学校教师，担任专业核心课程的任课教师，以企业的标准要求学生，将企业的要求课程化。

第三，以“智能控制实验室”建设推进信息化建设。

近几年学校信息化建设在硬件和软件方面都有很大的投入，学校目前正在建设的“智慧校园”为教师的教学和学生的学习生活带来了极大的便捷。教室的多媒体信息化设备齐全，实训室的信息化设备符合现在实验室的标准，这些对提高学校整体的信息化建设打下了坚实的基础。

三、计算机专业(数字媒体技术专业)

计算机专业创办于1994年。专业以先进的教学理念为指导，改革课堂教学模式，以培养学生职业能力为出发点，采用任务驱动、项目教学、分层教学、小组合作等多种方法，落实做中学、学中做，教、学、做合一，进一步提高学生的学习能力。

专业发展紧跟时代和计算机技术的发展，结合市场需求，适时调整课程设置。目前，本专业利用阿里巴巴这个高地，把专业特色发展方向确定为物联网方向和数字媒体方向。另外，面向高职考试，加强高考科目的教学，成效斐然，学校学生在余杭区文化课会考、杭州市专业科会考和浙江省高考中取得不俗的成绩，近两年的高职考试，学校计算机专业学生的上线率是100%。在职业资格鉴定考试方面，计算机专业学生的初级工合格率为100%，且90%以上同学获得中级工证书。

该专业物联网方向主要培养具有从事物联网工程布线、传感器安装与调试、自动识别产品安装与调试和软件产品安装与调试能力，能从事物联网系统应用、初步的系统设计和分析能力的高素质技能型人才，也能从事网络集成与工程监理、网页制作与网站设计、信息安全与网络管理的网络技术应用型人才。毕业生在掌握网络的相关理论知识基础上，具有从事网络设备配置、网络管理和安全维护的基本能力，能在企事业单位从事一线网络技术工作。学校将努力与阿里巴巴等知名企业展开全面合作。

数字媒体方向主要培养具有一定的软硬件操作、维护和开发等方面专业知识的应用性专门人才。可从事办公室字表处理与编辑排版、计算机软硬件系统安装调试、维护维修，多媒体技术应用与图形图像处理，数字媒体编辑技术，网页设计与网站设计、计算机信息管理与数据处理，中小型应用软件开发程序设计等工作。学校致力于为相关影视基地、华数集团培养数字媒体方向的专业人才。

学校计算机信息与管理专业以先进的教学理念为指导，改革课堂教学模式，以培养学生职业能力为出发点，采用任务驱动、项目教学、分层教学、小组合作等多种方法，提高学生的学习能力。计算机专业教师成员共计10人，其中9名专业教师、1名实验员；中学高级教师3人，中学一级教师5人；区教坛新秀2人；且各专业教师均为计算机操作高级工及维修高级工，另有5名教师技术等级为技师。

长期以来学校一直非常重视本专业的硬件设施，尤其近几年不断加大专业硬件投资。目前计算机机房3个，电脑约180台；专用多媒体教室1个；硬件实验室1个，40个工位。为学生实习实训提供了场地，有效地提高了学生的专业技术水平。

附:相关媒体报道

职业体验开眼界，情怀教育树理想（摘编）

为了更好地培养新时代技能型人才，促进行业、企业参与职业教育人才培养全过程，实现专业设置与产业需求对接，深化产教融合、校企合作，推进工学结合、知行合一，杭州市闲林职业高级中学每年都组织学生赴相关的合作企业进行职业体验，近距离了解自己今后要从事的职业。

职业体验是学校一年一度的全校性活动。它是对贯彻职业教育精神、进一步完善校企合作育人机制的有力践行；是帮助学生明确学习方向，了解今后要从事的职业的重要举措。学校以文化教育类、现代制造类和园林艺术类三大专业群为组别分阶段进行，各班学生在班主任及专业教师的带领下，深入各单位参观工作环境，记录工作内容，感受企业文化。

职业体验带给学生的不是简单的匆匆一瞥，而是灵魂的惊醒、梦想的萌发、人生的领航。活动中，文化教育类专业的同学分小组进到幼儿园各个班级，跟随带班教师参与幼儿园户外活动，并在课堂教学中认真记录；园林艺术类专业的同学参观了长乐林场，在园林师的介绍下，了解各种植物的习性和栽培窍门。同学们听得非常认真，并时不时请教在场的技术人员和记录要点，整体表现出非常浓厚的兴趣；现代制造类专业学生在杭州职业技术学院的友嘉机电学院和容安电梯培训中心进行参观体验。参观中，学生们在杭职院老师的带领下，更深入地了解了自己所学专业今后的发展方向，开阔了眼界，明白了目前所学专业今后可能要从事的方向，以及高中毕业后发展的路径。

2017级学前1班的王同学说："我每天最期待的就是专业课。说唱弹跳画的训练让我在专业技能上不断提高，但是对于如何将我的专业和将来的职业对接，我却一直非常迷茫。职业体验化解了我的疑惑，让我从中了解到幼儿教师如何将自己的技能有效运用于职场，让幼儿园的小朋友们在玩乐中学习、在学习中成长。看来当初我选择的专业没有错，以后从事的工作这么有意义、这么有趣。目标有了，方向明确了，接下来就是要努力去实现我的梦想。"

职业体验是一种情怀教育，我们要让每一位学生都拥有筑梦的勇气。

深化产教融合，促进教育链、人才链与产业链、创新链有机衔接，学校一直在积极实践着。

2017年11月10日，在学校召开的杭州市闲林职业高级中学教育集团理事大会上，丁卫东校长代表学校和杭州华立集团股份有限公司、浙江中博光电科技有限公司、杭州网新颐和科技有限公司、闲林中心幼儿园、贝贝幼儿园、启蒙幼儿园、康春农园等二十多家企业进行合作签约，并向各校外实训基地授牌。双方的签约授牌，拓展了校企合作的广度和深度，形成以学校为主体，以企业、幼儿园、行业协会为依托的多元化的办学体系，按照"依托产业强专业、办好专业促产业"的职业教育办学新思路，推进职业学校在人才培养模式上的改革与实践，建立良性互动、合作共赢、共同发展的长效机制，为闲林职高发展提供了强有力的平台支撑和资源支持。其中，浙江中博光电科技有限公司和华立仪表股份有限公司还先后荣获浙江省和杭州市“优秀职业教育校外实训基地”称号。

在不断完善校企合作育人机制的同时，学校也不忘创新技术技能人才培养模式，借助附属幼儿园的阵地，按照“初级小先生—一级小先生—二级小先生—三级小先生”四段式的人才培养总体思路，通过大先生（师傅）带小先生（徒弟）的形式，探索工学交替、理实一体的师徒共进式育人模式，形成了“闲林职业高级中学学前教育专业课程体系”。在这个课程体系指导下，学校携手附属幼儿园，开发了与学校现代学徒制模式相匹配的特色教材，如《幼儿园语言教育活动与设计》《儿童英语绘本》等。经过两年的实践，学生的核心素养及专业技能得到明显提升，专业教师也获得成长，学前教育专业办学成效凸显。同时，也增强了闲林职高和附属幼儿园的整体办学质量，提升了两者的品牌效应和社会服务能力。

闲林职高被誉为余杭区“幼儿园园长摇篮”，学前教育专业开办30多年来，培养的毕业生遍布余杭区各大幼儿园。据不完全统计，余杭区76.9%的园长、副园长均毕业于闲林职高。

学校践行着让每一位学生“升学有望，就业有路”的承诺。近三年里，除了有300人次获得各项技能竞赛的奖项外，还有600余人顺利升入高职院校。学校的创新教育硕果累累，每年都有两百多人获得国家专利。让每一位学生品尝圆梦的喜悦，学校在提升教学质量上下足了功夫。“抓重点、破难点”，重点是做好高三高职考试的辅导工作，难点是提高师生技能大赛成绩，提升技能水平，为学生今后创业打好基础。

学校高考成绩一年比一年好。2017年，学校高职考上线人数有258人，占学校报考人数的81%，再创学校高考新高，位居余杭区职高前列。其中，本科上线人数10人，分别为学前教育专业5人，工艺美术专业4人，电子电器应用与维修专业1人。另有1人报考艺术类专业，总分排名浙江省第一名。另外，毕业生初次就业率达到98.61%，真正做到了升学有望、就业有路。

在2017年全国机械行业职业院校技能大赛——“亚龙杯”职业院校机电类专业教师教学能力大赛中，谢佳浩和施凯宇两位老师获得职组电梯安装与维修赛金牌，既实现了学校教师全国技能大赛奖牌零的突破，也填补了杭州市中职学校教师在该项目上无金牌的空白。

在浙江省第二届“梦想杯”中职学生征文大赛中，学校有1人获得省级二等奖。在杭州市中职师生技能大赛中，学校获得4金、4银、8铜的好成绩。在杭州市中职学校职业素养大赛中，学校获得2金、6银、5铜的好成绩。在杭州市“中国梦 资助情”征文活动中，学校1位学生获得杭州市一等奖，2位教师获得优秀指导教师奖。

在余杭区中职学生英语职业能力竞赛中，学校有8人获得英语歌曲区二等奖，18人获得莎士比亚戏剧区级一等奖。在2017余杭区"假日杯"竞赛中，高中作文与国学类，学校20人参赛18人获奖，其中一等奖2名，二等奖5名，三等奖11人，1位教师被评为优秀辅导老师；职高数学类，20人参赛，10人获奖，其中二等奖1人，三等奖9人。在各项体育竞赛中，学校也获得了2金、3银、3铜的大好成绩。

（中国教育在线，2018年5月15日）

闲林职高与杭州职业技术学院举行中高职贯通教育合作签约仪式

2017年5月24日下午2时，杭州市闲林职业高级中学与杭州职业技术学院举行中高职贯通教育合作签约仪式。浙江省教科院职成教教研室、杭州市教育局职成教处、杭州市教育局职成教研究室、余杭区教育局等相关领导和专家出席仪式。杭州市闲林职业高级中学丁卫东校长和杭州职业技术学院陈加明副校长分别致辞并代表各自学校签约。余杭区教育局胡锡良副局长做了讲话。整场签约仪式由杭州市闲林职业高级中学徐晟副校长主持。

两校的合作以闲林职高电梯工程技术专业为切入点，推行现代学徒制试点工作，以此带动学校现代制造专业群建设，使电子技术应用、机电一体化、数字影像、智能家居等专业特色更加清晰，发展定位更加符合社会需求，助推学校实现三大专业群的建设，从而使闲林职高的专业建设更具现代化水平。

签约仪式上，闲林职高丁卫东校长介绍了闲林职高的办学情况、专业发展进程和此次两校合作的基本情况。杭州职业技术学院陈加明副校长介绍了杭职院在贯通工作机制、贯通专业发展和贯通学生教育教学管理上所开展的工作情况。余杭区教育局胡锡良副局长首先对杭职院一如既往地支持余杭区职业教育发展表示感谢，对两校的合作培养表示祝贺。同时他希望两校能优势互补，加强沟通，在专业层面上开展实质性合作，在中高职课程中有效衔接，实现区域职业教育教学资源共享，给中职学生提供接受更高层次教育、学习更专业技能的机会，走出一条具有特色的中高职贯通教育的新路子。

本次签约仪式的顺利进行是杭州职业技术学院优化教育战略布局、科学决策、对闲林职高信任和支持的结果，是闲林职高深入思考专业发展方向、如何推行现代学徒制试点工作的结果，也是省、市、区教育局积极推进高职学校与中职学校战略合作的结果。该项目的签约建设，开启了两校中高职贯通教育合作的新局面。

（浙江教育频道，通讯员张瑜）

第七节　教学改革

一、分享式课堂教改实践

为了进一步深化课堂教学改革，改善学生课堂学习面貌，提高学生课堂学习效率，使课程与教学改革由形式走向实质，二〇一五年九月结合学校实际，开始了分享式课堂教学改革。

分享式课堂教学改革的预期：改善学生学习状态，提升学习成绩，提高学生的综合素质。

分享式课堂教学的核心理念：相互合作、共同分享、成就卓越、获取成功。

实施分享式课堂教学改革面临的问题：目前课堂教学，学习目标以机械记忆为主，知识技能的单向传递，教师过分主导课堂，学生过于被动，教学材料单一，教师教学方法以讲授为主，缺少多样化的教学，学习效果受到限制。

分享式课堂教学改革的内容：教学中注重分享，就是指分享经验，分享过去的生活经验和学习经验；分享当下的学习过程中的体验，学习过程中的感受和对问题的看法；分享知识技能学习和理解的过程；分享学习的成果，通过合作学习，小组讨论，大组发言的方式分享学习成果。

分享式课堂教学师生的关系：建构主义学习理论提倡在教师指导下的、以学习者为中心的学习。既强调学习者的认知主体作用，又不忽视教师的指导作用，教师是意义建构的帮助者、促进者，而不是知识的传授者与灌输者。课堂教学改革中我们拟采取分享式课堂教学改革，教师在课堂上，帮助学生的学习过程中，可以建立以下诸种关系：可以建立师生间的分享关系，生生间的分享关系，师师间的分享关系，拓展到校内外的分享关系。

分享式课堂教学改革的载体：建构主义学习理论认为，知识不是通过教师传授得到，而是学习者在一定的情境即社会文化背景下，借助学习是获取知识的过程其他人（包括教师和学习伙伴）的帮助，利用必要的学习资料，通过意义建构的方式而获得。

因此，课堂教学改革将注重交流，采取学习岛、分组讨论等教学组织形式；主动参与，使每个学生在课堂上都能有参与发言的机会；通过小组内部成员的合作，共同讨论知识技能的学习过程；通过各个小组代表发言，展示不同小组对知识技能掌握的过程，通过集中展示，产生创新的学习成果。

附:学校教学改革资料

分享式课堂教学改革方案（摘编）

一、改革目标

切实改变传统教学方式，激发学生学习的内在动机，培养学生的学习兴趣，提高学生自主学习、合作学习、探究性学习的能力，使学生获得健康成长，为其今后的学习与身心可持续发展打下坚实的基础。

全方位提高教师业务素质和岗位能力，优化教师的工作方式，提高教师的工作质量和教学质量。提升学校品位与声望，为争创一流、特色学校建设奠定基础。

二、指导思想

社会是由各怀特长的个体同组成的。每个人都有自己的优点，都是不可取代的。教学是由师生共同组成的双边活动。教学过程中，教师与学生之间、学生与学生之间，只有相互尊重、相互合作，共同分享，才能创造共赢，取得成功。分享可以让快乐加倍，忧伤减半。分享学习会使学生对学习有浓厚兴趣；明确自己是学习的主人；通过学生共同活动促进他们及他人的学习和成绩的提高作用明显。在学习中，只有懂得分享，才能从生活中获得更多。因此，“分享式课堂教学改革”的指导思想是：

在教学理念上，以现代教育思想和课程理论为指导，改变教学行为，提高教学效率。树立学生在整个教学过程中始终是认识主体和发展主体的思想，致力于教学方式和学习方式的转变，促进学生主体的回归和学习能力的提高，关注学生的成长过程和生活质量，激发学生的内在动因，促进学生的主动发展，提高就业竞争力和有较强的探究意识和创新精神。

在教学设计上，以学生为主体，把学习主动权还给学生，把发展空间留给学生，最大限度地提高课堂教学和学习效率。合作中学生主动参与、支持配合，学会与他人分享生活经验和学习经验，分享学习过程中的情感体验、学习成果，才能真正体验收获，获得进步和成功。教学设计的重点关注学生学什么、怎样学、怎样参与学习过程，师生之间分享了什么，学生之间分享了什么，分享了多长时间，以什么方式进行分享、教师如何引导和总结分享结果等。

在课堂教学中，以“分享式”学习为根本，根据学生内在的自主性学习需要，胜任需要和归属性需要，创设情境，把教学目标和要求转化为学习可以操作的学习行动；激发学生的学习兴趣，使学生根据教师的指导和自己内在的愿望，选择学习方式和学习行为，从而体验学习的成功和享受学习成果。主要表现为：合作、探究、自信，善于发现问题、提出问题，能在合作分享中创造性地解决问题，并与同伴分享快乐、互相激励、共同成长；具有较强的团队意识、合作精神，从而利用合作性人际交往促成学生认知、情感的发展，形成良好的心理品质。

三、组织领导

为加强领导，保证课堂教学改革活动的顺利有序开展并取得成效，学校成立改革领导小组和相关工作组。

四、具体原则

1. 更新教学理念。

贯彻省中职课程改革的指导思想，充分遵循并体现“课堂内外的分享与选择”对学生学习积极性带来的影响。通过组织教师观摩名师课堂、听报告、自学、小组学习、走出去、请进来等形式，学习课堂教学改革的政策动向，把握课改方向，充实自己，提升自我。

2. 开展“分享式课堂教学”改革。

以“分享”为课堂教学改革的主旋律，使分享贯穿于学生课堂学习的全过程，引导学生的自主发展，通过学生的自主学习、合作探究，师生的互动交流，实现教与学的相互结合、相互促进。

遵循课改流程：导入目标、学习质疑、合作探究、展示点拨、检测拓展。

把握两个重点：知识技能问题化、教学互动化。

落实六个要求：问题层次化、问题情景化、问题探究化、互动合作化、互动展示化、互动点评化。

3. 树立典型，以点带面。

为使课堂教学改革收到更快更好的效果，学校要求以学前教育专业课堂教学改革为切入点，立足本专业，大胆创新，使改革工作由点到面全面扎实地开展。

同时，学校继续开展好“说、讲、评”教研活动，与同行进行交流探讨，博采众长，扬长避短，确实把课堂教学改革落实到全校各个专业的教学改革实践中去。

五、课堂改革要求

课堂教学是此次教学改革的主阵地。2015—2016学年，学校加强巡视制度的落实，建立与完善听课、评课制度，通过各种形式切实提升教师的教学水平。具体要求如下：

1.探索并实践“分享式”课堂教学模式。

分享式课堂教学模式强调“分享”在课堂教学各要素中的渗透，让“分享”成为课堂的主题。该模式强调学习目标的分享、学习过程的分享、学习感受的分享、学习成果的分享。在课堂教学中，要求广大教师以“学习者”的视角和心态去理解课堂教学；以“伙伴”的角色去推动课堂教学；以“组织者”的作用去引导教学；以“观察者（研究者）”的身份去检视课堂教学。整个课堂教学强调生生、生师和师师间的学习及教学体验的分享，让分享成为一种载体、形成一种氛围、成就一批人才。

分享式课堂教学模式，强调课堂教学要突出教学的三个阶段，即：“自主学习（分享前准备）—互动研讨（分享过程）—巩固提升（能力巩固）”。

该课堂教学关注六个要素（教学环节）：

（1）情境创设激发动机；

（2）体验导入学习目标；

（3）指导分享式分组学习；

（4）集中分享学习成果；

（5）教师精讲点拨关键；

（6）分享巩固训练要点。

在实验这种新的教学模式时，教师要注意结合本人任教课程的特点，灵活地进行课堂教学改革实验，切勿生搬硬套。

2.实施“以学论教”的课堂教学评价机制。

课堂教学评价的基本要求：以学论教。学校考评人员和任课教师均从“学”的角度，关注学生感受与变化，关注学习成效。

具体评价观测点的变化如下：

（1）由评教师的讲解精彩度为主变为评学生的参与度为主；

（2）由评教学环节的完备性为主变为评教学结构的合理性为主；

（2）由评课堂的活跃度为主变为每个学生真正进入学习状态为主；

（3）由评师生的交流互动为主变为评学生的交流展示为主；

（4）由评教师的课堂设计为主变为评学生的作业、笔记等练习为主；

（5）由评教师的基本功为主变为评学生综合能力提升为主。

3. 实现课堂教学时空转变。

时间分配“多样化”：恰当处理学生自主展示与研讨、教师主讲点拨、学习训练与巩固三个环节所占时间比例。

学习空间“灵活化”：座位排列方式可以根据教学需要进行调整，做到变而不乱。可以采取分组排座位，学习岛屿式排座位等多种形式，综合考虑成绩强弱、男女比例、人数等重新进行座次安排。

六、方案与实施步骤

1. 组织教师集中学习，统一思想、落实精神。

2. 组织召开全体学习小组组长会议，落实小组合作开展课堂教学改革的各项规章制度。

3. 组织听评课活动。

每年级每专业（部）每周至少上一节课改示范公开课，与随堂听课相结合，教研组组织听评课。

4. 及时评估反馈。

在高一、高二年级全面推行课改，及时对小组进行评价，每月一次班评，每学期一次校评。每月对教师课堂教学改革况进行调查小结。教务处负责备案，各专业负责抽检，学期期中、期末教务处公布各教研组课改成效。附表A-1至表A-3。

5. 期末各教研组、教务处写出总结。

表A-1 《课堂教学与学习状态》信息反馈表(听课者用)

评价项目		评价内容	时间	得分
教师教学行为	教学目标	教学三维目标明确;符合新课程标准和教材要求		
	教学过程	能创设良好的学习环境(民主、平等、互动),能将教学目标转化为学生的学习目标		
		能面向全体学生,重视学习方法的指导和能力的培养		
		能注重联系实际,体现人文性或学科思想		
		重视知识巩固、深化、应用,突出重点,能恰当处理难点		
		能及时反馈信息、调整教学节奏,能创设良好学习情境,根据学校条件恰当选用教具或媒体		
	教师基本功	教态自然、语言准确简练,板书设计合理、实用		
		勇于创新,有独特教学风格和教学特点,板书新颖		
学生学习状态	学习状态	学习中感受到乐趣、注意力集中,表现出愿意学习		
		能独立思考、思维活跃,能合作学习、讨论交流,能主动探索		
		具有自信心,能以恰当方式发表个人见解		
	参与程度	不同层次学生均能参与学习的各个环节		
		在学习活动中是否有机会提问,有没有参与小组活动,时间是否充分,学生有没有自主发言的机会		
	教学效果	集体汇报学习结果的环节效果,是否各次层学生均有收获和提高		

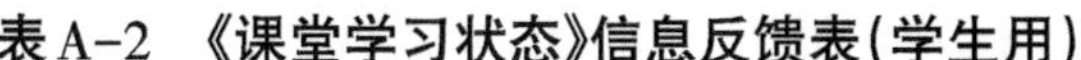
表A-2　《课堂学习状态》信息反馈表(学生用)

反馈项目		反馈内容	是	否
我的学习状态	课堂感受	我觉得今天的课堂氛围挺轻松		
		我非常轻松地进入了学习状态		
		今天老师使用了与以前不同的方法来上课		
		今天老师是从我熟知的事情开始讲起的		
		老师上课时候让我回忆起原来的知识和技能		
		我能够跟得上老师讲课的进度和节奏		
		这次课上我体验到了较好的学习环境		
		老师使用的教具和多媒体让我感兴趣		
		老师在这次课上非常有耐心		
		感觉到学习方法对学习很有帮助		
		上课积极发言对学习有帮助		
		老师相信我们解决问题的能力		
		我觉得一堂课很快就结束了,并且非常有趣		
		在学习中感受到乐趣、注意力能集中		
		获得知识,受到基本技能训练,有收获和提高		
		老师提供的教具和多媒体对学习有帮助		
		喜欢小组讨论结果展示环节,想参与成果汇报		

续表

反馈项目		反馈内容	是	否
我的学习状态	我的参与	已开始能用不同的方式参与学习的各个环节		
		在学习活动中有机会提出问题		
		在课堂上有问题时能及时向老师提出来		
		有机会在课堂上与同学们合作学习		
		这次课在小组活动中表达了自己的想法		
		在课堂中有机会做活动		
		我所在的小组在此次课堂中表现出色		
		有组织小组讨论，解决问题，理解深刻		
我的收获		收获了知识，感到有了冲动，愿继续学习		
		在课堂上把自己思考的结果与别人进行了分享		
		这次课之后更有了自信心		
		比以前更愿意发表个人见解		
		学习比以前有意思了，学习兴趣有了提高		

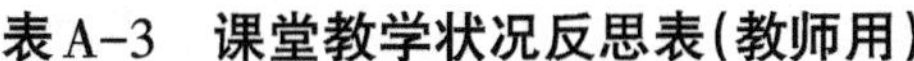

表A-3　课堂教学状况反思表(教师用)

评价项目		评价内容	是	否
我的教	教学目标	是否实现,或者基本实现预期的教学三维目标		
	教学过程	本次课我留给学生自主学习的就会较为充分		
		此次课我比以前更善于应用小组讨论的方式进行教学		
		能将学生分成学习小组,注重了学生自主体验		
		我能根据学生学习状态变化,及时调整教学		
		我能更熟练地组织学生自主学习的课堂		
		比以前更关注学生的学,而不是更多地关注自己的教		
		我更注意创设学习氛围和学习环境		

续表

评价项目		评价内容	是	否
学生的学	学习状态和参与程度	学生在学习中感受到了乐趣、注意力更加集中		
		学生思维活跃、主动；能合作学习、讨论交流		
		学生开始跃跃欲试，一些学生有发表个人见解的愿望		
		学生有机会以不同方式参与本节课的各个环节		
		学生开始主动思考、并主动提出问题		
		学生参与小组讨论的积极性比较高		
		学生非常喜欢小组讨论结果展示环节，并积极踊跃参与成果汇报		
	教学效果	不同水平的学生均有收获和提高		
		学生学习兴趣及自信心进一步提高		
		学习在课堂上比以前积极了		
		课堂上睡觉的学生减少了		
总体感受				

二、现代学徒制改革实践

下面以四张PPT形式，展示学校学前教育专业现代学徒制改革实践见图2-4-7-1至图2-4-7-4。

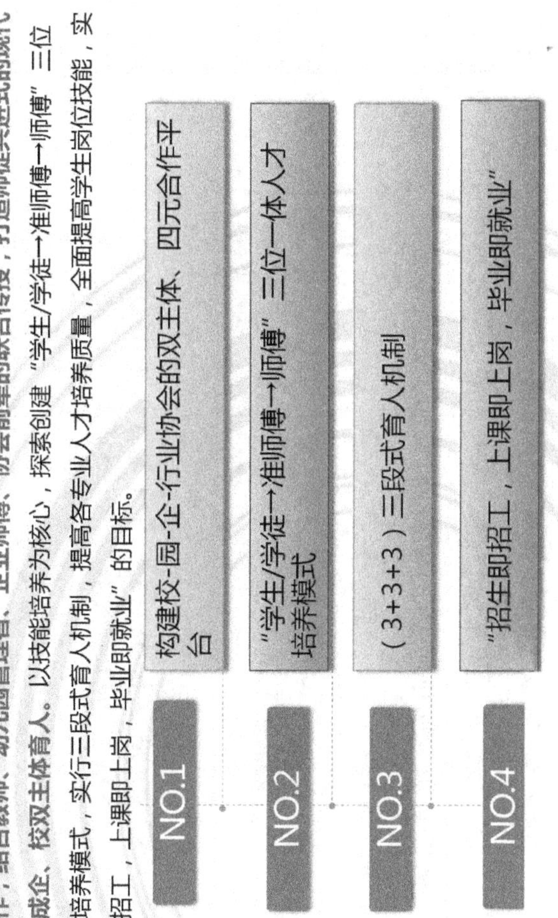

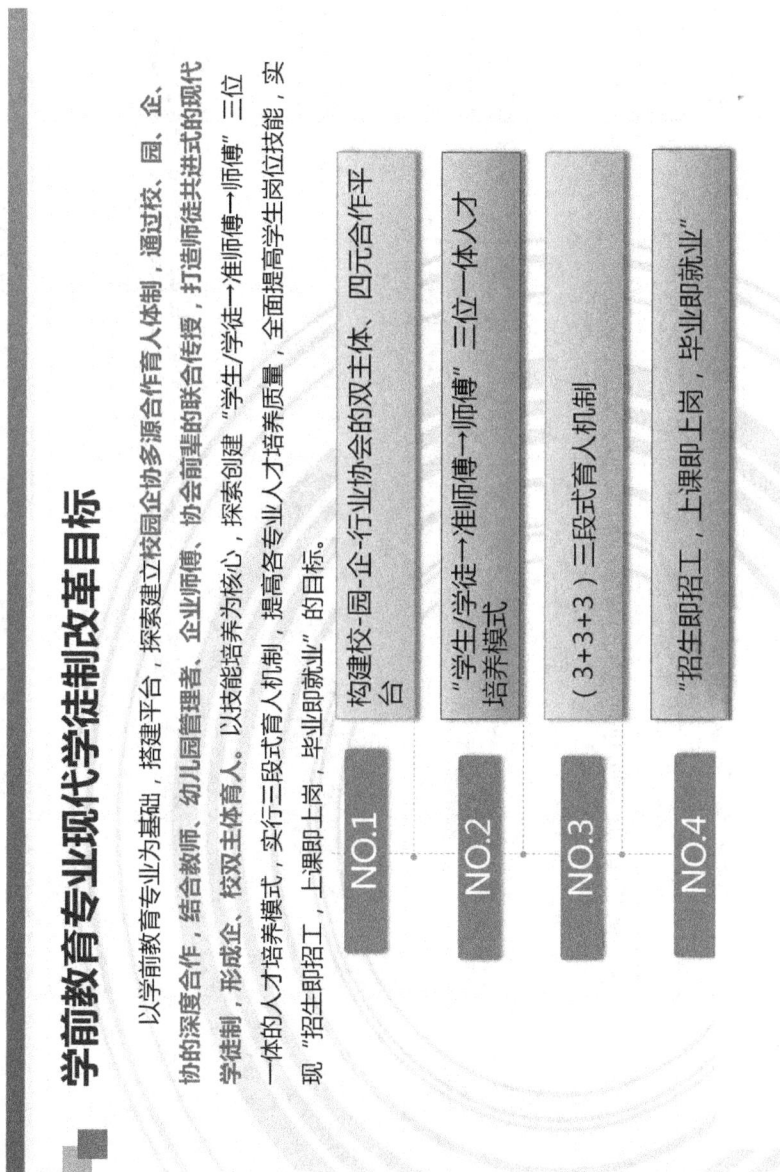

图2-4-7-1 学校学前教育专业现代学徒制改革目标

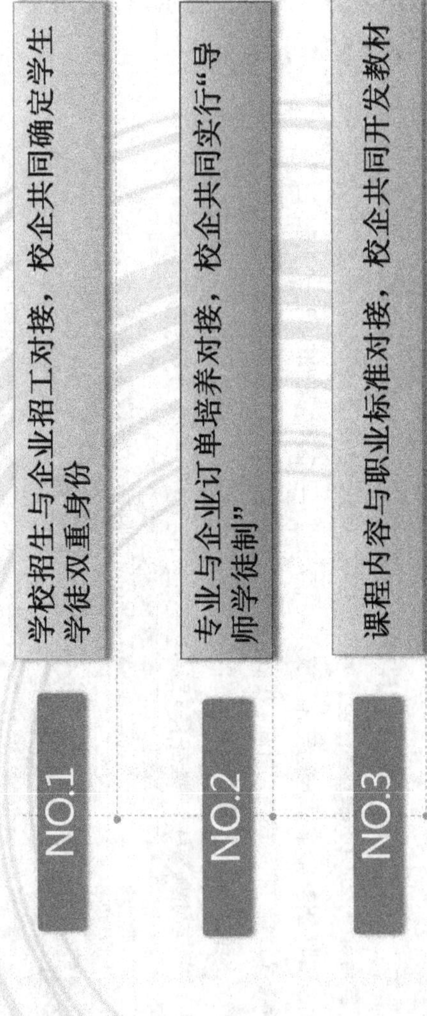

学前教育专业现代学徒制建设途径
我校构建实施师徒共进式现代学徒制，围绕“六对接”进行：学校招生与企业招工对接、专业与企业订单培养对接、课程内容与职业标准对接、专业设置与产业需求对接、学习岗位与服务岗位对接、教学过程与服务过程对接。
NO.1
学校招生与企业招工对接，校企共同确定学生学徒双重身份
NO.2
专业与企业订单培养对接，校企共同实行“导师学徒制”
NO.3
课程内容与职业标准对接，校企共同开发教材

图2-4-7-2　学校学前教育专业现代学徒制建设途径

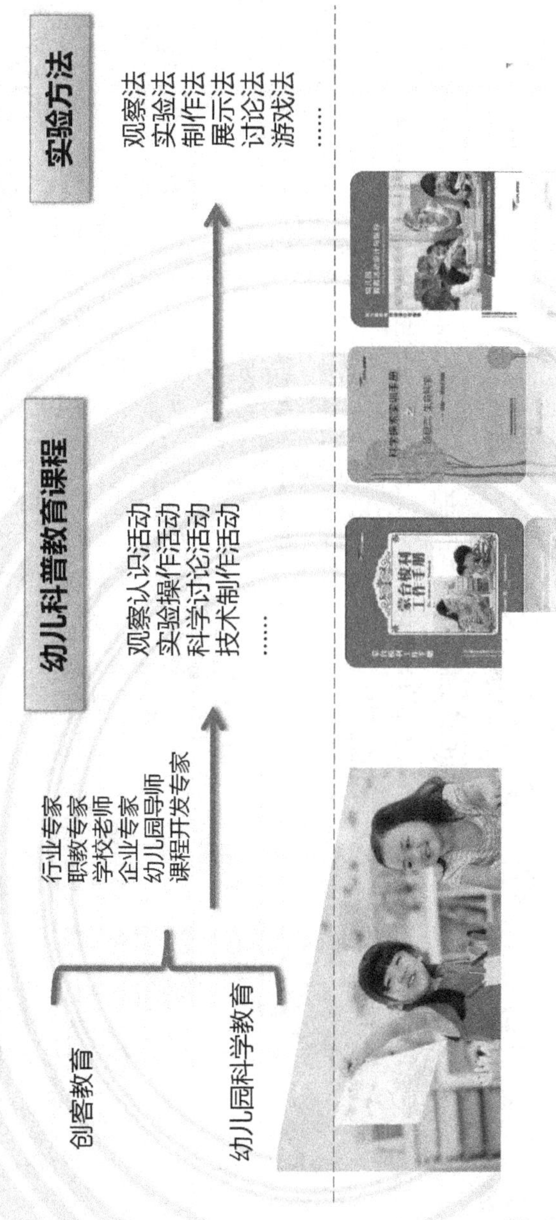

图 2-4-7-3　学校学前教育专业现代学徒制实践示例(一)

以科普教育实训室为例
科普教育实训室主要通过训练师生观察、操作与体验各种幼儿科学实验材料，以及观摩、设计、组织、实施各种幼儿科学创意活动，提升师生设计、组织、实施丰富、有趣的幼儿科学创意活动的能力。
实验室
操作探究区
创意设计区
科普教育实训室
观察展示区
墙面操作板
昆虫观察器
科学万花筒
学生观察、观摩各种幼儿科学实验材料，促进学生对幼儿科学观念发展特点及相关理论的理解，提升学生选择创新科学材料的能力。
操作探究区
奇妙的光
磁铁的秘密
好玩的水
植物的向光生长
学生操作、体验各种幼儿科学实验材料，再现幼儿园科学探究活动实际，使学生足不出户就可以模拟幼儿科学探究游戏教学。
创意设计区
利用橡皮泥制作3D磁悬浮列车
纸盒乐器
奇妙的扇子
学生能够自主选择创新科学材料，设计、组织、实施幼儿科学创意活动，制作出简单创意的作品。
科普教育实训室功能分区
显微镜
乐高机器
3D打印笔
磁悬浮地球仪
太阳能车

图2-4-7-4　学校学前教育专业现代学徒制实践示例(二)

三、国际理解教育实践

国际理解教育（Education for International Understanding）是指世界各国在国际社会组织的倡导下，以“国际理解”为教育理念而开展的教育活动。其目的是增进不同文化背景、不同种族、不同宗教信仰和不同区域、国家、地区的人们之间相互了解和相互宽容，加强相互合作，以便共同认识和处理全球社会存在的重大共同问题，促使每个人都能够通过对世界的进一步认识来了解自己和了解他人。

2014年教育部下发了《教育部关于进一步推进长江三角洲地区教育改革与合作发展的指导意见》，杭州市为提升全市教育品质，加快教育现代化进程，服务城市国际化战略，下发了《杭州市推进教育国际化行动计划的通知》。该通知提出：“以教育开放促教育改革，以教育国际化促教育现代化，丰富和扩大教育国际交流合作，完善教育公共服务体系，服务经济社会发展和公众需求，提升杭州教育品质。”并提出了六项重点工作，其中，在中小学学科教学中融入“国际理解教育”元素，培养学生国际意识以及跨文化理解与沟通能力，尊重世界各地文化、宗教、风俗、礼仪。

实施国际理解教育，有以下几个方面的意义：

第一，国际理解教育是适应教育国际化发展的时代要求。在经济全球化背景下，教育国际化已成为世界教育发展的重要特征和必然趋势。在中小学加强国际理解教育，有助于加快我市教育对外开放，学习借鉴国际先进的教育理念和经验，为培养一批具有国际视野、通晓国际规则、能够参与国际事务和国际竞争的国际化人才奠定重要基础，从而进一步满足我市经济社会对外开放的要求，促进我市教育改革发展，提升我市教育的影响力和竞争力。

第二，国际理解教育是实施学生素质教育的本质要求。国际理解教育旨在培养兼具传统性和国际普适性的国际化人才。通过开展中小学国际理解教育，使学生在对中华民族主体文化认同的基础上，更好地理解世界的多元性，增强学生全球意识，提高跨文化沟通能力，学会尊重、共处和合作，培养关心人类共同发展的情操，担负起“世界公民”的责任和义务，有利于学生形成正确的世界观、价值观和科学的思维方法，促进全面发展。

第三，国际理解教育是学校办特色专业的现实需求。学校学前教育专业创办于1984年，倡导“以职业活动为导向，以职业能力为核心”的教学理念。该专业旨在培养优秀的幼儿园教师、早教培训机构教师、社区幼教机构工作人员、保育员、儿童社会工作者。随着杭州（余杭）经济的不断发展，大批外籍人才被引进，其子女读书问题，尤其是幼儿教育供需矛盾日益凸显。打造国际化特色的幼教人才已经成为余杭区乃至杭州市的重点教育项目。2016年3月18日，学校与美国贝尔维大学中国代理正式签订了学前教育合作项目协议书。该项目的启动标志着学校在建设国际化的教师队伍和积极探索中外合作办学新模式的道路上迈出了坚实的一步。

基于上述分析，无论从政策层面、学生发展层面还是学校办学层面，实施国际理解教育探索和研究意义深远。

以学前教育专业为例，对国际理解教育进行学术成果和实践成果查询，对国际理解学习项目设计与实施建设经验进行呈现，形成课题研究学术成果素材库。编制并使用调研问卷，通过座谈、问卷调查等形式对学校学前教育专业教师、学生进行调研，形成“中职国际理解教育现状报告”。以学前教育专业人才培养为例，实际展开调研，重点包括以下内容：

第一，专业人才需求状况调研。通过设计、发放调查问卷，召开由幼儿园教师、学生、专业教师等多方共同参加的座谈会、头脑风暴会等形式，对学前教育专业人才需求尤其是人才培养的质量要求进行细致分析，对中等职业学校学前教育专业人才培养的岗位要求、技能要求进行分析，找出当前人才培养中的若干不足，为专业人才培养方案的修订提供现实依据。

第二，人才培养方案研讨与修订。根据专业人才需求状况调研的结果，参照浙江省中等职业学校学前教育专业人才培养指导思想，依据学前教育专业人才的核心技能要求结合国际理解教育的相关理念对现有培养方案进行研讨、修订。修订内容包括培养目标、课程体系、评价方式、实习实训、办学条件等一系列问题。并召开行业专家、教育专家、外教人才培养方案论证会。

第三，催生课程开发建设。围绕学前教育专业人才培养方案要求，确定重点开展的1门公共必修课（基础文化课）和4门专业限定选修课和若干门自由选修课的课程标准预备开发工作。由国际理解教育课题组对课程标准、课程资源、课程内容进行充分调整。课程建设体现模块化、项目化等一系列现代职业教育课程改革指导思想。形成国际理解教育校本自由选修课课程名称和初步教学大纲，并编制适合学校学生实际的校本教材。

第四，学习项目的实施与反馈。主要通过实体校园建设和网络数字化建设两方面来开展。在实体校园建设方面，弘扬“茶文化”，建立文化艺术长廊，如各楼过道的师生书法、绘画长廊，设立国际交流工作室，并且将校内主要建筑和标示都配上了英文版的解说，筹建外教风采墙等。在网络数字化建设方面，将外教的工作照片将放到校园网主页的显要位置，积极准备校园网的英文版本以及学校APP的国际化工作模块创建。

结合选择性课改的要求，根据调研情况，在保留“核心课程”基本不变的前提下，修改“自选课程”相关内容和课时。我们知道自选课程是课程体系的重要组成部分，是核心课程的补充和延伸，是适应当地经济文化发展和学前教育事业改革发展的需要相关课程。为了拓宽和加深学生国际理解的相关知识，提高学生的国际素养，我们在限定选修中，增设了国际理解的相关课程，主要分两个维度：一是加强中国传统文化教育；二是引入国外优秀文化教育，力求将学生培养成国际交流的使者，建立非物质文化遗产“彩扎艺术”李道亮大师工作室，开设“古筝入门”“民族音乐欣赏”“外国音乐欣赏”“外国舞蹈创编”等课程。在课时上加以倾斜，增加了增设课程的课时量。

结合国际理解教育，由学校政教处、团委、学前教育组牵头，组织系列国际理解教育活动。如学习外国文化和先进技术的专题讲座，举办知识竞赛、演讲比赛、小报制作比赛、黑板报比赛、辩论赛、英语唱歌比赛等。组织高一高二学生开展社会实践活动，让学生深入社会，以自己的切身体会体验国际理解在日常工作生活中的重要性，感受国际化趋势的氛围。组织“服务G20，志愿我先行”志愿者活动；组织全校学生开展杭州市闲林职高2017年“爱心满园 喜过万国年”活动，让学生体会不同国家的不同习俗。

为顺利开展课题研究，学校与美国贝尔维大学就学前教育合作项目签订初步意向书，与浙江中青文化咨询发展有限公司建立合作关系，聘请了外教罗莎娜、马芬妮、里奥、李靓，为学校顺利开展英语教学，开展国际理解教育奠定了良好的基础。通过网络平台，学校多位师生与外国友人建立了良好的工作关系和私人关系。师生们学习了外国先进的教育教学理念，了解了外国的风土人情，同时展现了我们的民族风貌。

第八节　职普融通

2015年起，在中职教育新课程改革和普通高中教育改革的两大背景下，学校和文昌中学开始初步探索普职融通课程建设。

2016年，两校签订普职融通职业技能培训合作协议，正式进入联合全面实践阶段，具体内容如下：

第一，充分整合普通教育与职业教育学校资源，实现普职学校携手合作，资源共享，使职业教育的就业教育与普通教育的升学教育相互渗透与融合。

第二，探索普职融通的方式、政策和机制。

第三，帮助学生树立正确的择业观、成才观、人生观和价值观，为学生健康成长搭建多元化的学习平台和良好的发展空间。

第四，为普通高中多样化人才成长培养模式探索有效的办法。

文昌高级中学开设普职融通选修课程，由闲林职高教师讲授，共计15门课程，详见表2-4-8-1。

闲林职高开设普职融通体验课程，由文昌高级中学教师讲授，共计15门课程，详见表2-4-8-2。

为检验两校职普融通课程教学的效果，特制作共用的评价表，设定10个评价项目，分优、良、中、差4个等级，并在“教学特色”“存在问题”上做总体评价，详见表2-4-8-3。

表2-4-8-1　文昌高级中学(普职融通)选修课及任课教师一览

序号	课程名称	授课教师
1	生活中的趣味化学1	张永双
2	博弈与概率2	单慧洁
3	高中数学建模1	叶洪清
4	经济生活中的数学1	李芳芬
5	《论语》博客:卓越人生八项修炼1	李安文
6	成语探源明义促写作1	邵远静
7	《红楼梦》选读1	金梦菁
8	生活英语零距离1	宋婷
9	英美文学欣赏1	钟佳奇
10	英语国家文化概况1	孙红艳
11	典礼与仪式教育	郎慧娣
12	谈古说今禹行情——余杭古镇史地课程	丁武卫
13	生活中的趣味化学2	吴建丹
14	二战著名战役简介及我国国防现代化建设	胡勇骏
15	宋词里的往事	陈岑

备注:①授课地点:文昌高级中学2楼或报告厅;②授课时间:周五第六、七节;③授课年级:高一。

表2-4-8-2 闲林职高(职普融通)体验课程及任课教师一览

序号	课程名称	授课教师
1	PS	王慧
2	彩扎艺术	李康宁
3	舞蹈艺术	杨阳
4	舞蹈创编	曹真
5	歌唱艺术	聂莹莹
6	电梯维护	柯瑞省
7	电子产品安装	韩雪芳
8	合唱与指挥	诸再娣
9	播音与主持	马黎霞
10	PR	吴莹
11	缠绕艺术	夏玮
12	演讲与口才	贺莺音
13	职业生涯规划	何业
14	园林技术	唐仲康
15	职业素养	俞琦

备注:①授课地点:闲林职业高级中学双创园、力耕楼等;②课程类型:职业技能;③授课年级:高一高二。

表2-4-8-3　职普融通课堂教学评价表

<table>
<tr><td colspan="2">授课教师</td><td></td><td>所属单位</td><td colspan="4"></td></tr>
<tr><td colspan="2">课程名称</td><td></td><td>授课班级</td><td colspan="4"></td></tr>
<tr><td colspan="2" rowspan="2">授课内容</td><td colspan="2" rowspan="2"></td><td>教室</td><td colspan="3"></td></tr>
<tr><td>人数</td><td colspan="3"></td></tr>
<tr><td colspan="4" rowspan="2">评价项目</td><td colspan="4">评价等级</td></tr>
<tr><td>优</td><td>良</td><td>中</td><td>差</td></tr>
<tr><td colspan="4">讲课有热情，精神饱满，能吸引学生的注意力（8分）</td><td></td><td></td><td></td><td></td></tr>
<tr><td colspan="4">内容娴熟，驾驭自如，表达准确，清晰流畅（10分）</td><td></td><td></td><td></td><td></td></tr>
<tr><td colspan="4">讲述内容充实精要，容量适当，重点突出，系统性强（12分）</td><td></td><td></td><td></td><td></td></tr>
<tr><td colspan="4">教学内容能反映或联系学科发展的前沿动态（8分）</td><td></td><td></td><td></td><td></td></tr>
<tr><td colspan="4">阐述深入浅出，论证严密，思路清晰，条理分明（12分）</td><td></td><td></td><td></td><td></td></tr>
<tr><td colspan="4">能教给学生学习与思维方法，给予思启迪（10分）</td><td></td><td></td><td></td><td></td></tr>
<tr><td colspan="4">联系实际，注重培养学生分析、解决问题的能力（12分）</td><td></td><td></td><td></td><td></td></tr>
<tr><td colspan="4">能有效地利用各种教学媒体，激发学生学习兴趣（8分）</td><td></td><td></td><td></td><td></td></tr>
<tr><td colspan="4">能调动学生情绪，课堂气氛活跃，互动充分（10分）</td><td></td><td></td><td></td><td></td></tr>
<tr><td colspan="4">严格管理，能有效组织教学，教学效果好（10分）</td><td></td><td></td><td></td><td></td></tr>
<tr><td rowspan="2">总体评价</td><td>教学特色</td><td colspan="6"></td></tr>
<tr><td>存在问题</td><td colspan="6"></td></tr>
<tr><td colspan="2">听课人</td><td></td><td>单位</td><td></td><td colspan="2">任教科目</td><td></td></tr>
</table>

第九节 集团联盟

一、教育集团

为了更好地发展职业教育、推进专业特色发展，在余杭区教育局、闲林街道的关心指导下，杭州市闲林职业高级中学与闲林街道各公民办幼儿园互助共同体共建“杭州市闲林职高教育集团附属幼儿园”签约暨揭牌仪式在闲林中心幼儿园举行。

余杭区教育局副局长胡锡良、闲林街道相关负责人、各相关学校负责人和教师代表参加了此次活动，同时余杭电视台、余杭晨报等媒体也来到了活动现场。

闲林职高和闲林街道公民办幼儿园通过共建“杭州市闲林职高教育集团附属幼儿园”的形式，努力探索现代学徒制和工学交替的教学模式，提高学前教育专业的办学水平。

闲林街道公民办幼儿园参与制订闲林职高学前教育专业师生的实习实训计划，向闲林职高师生开放教学设施，指定资深教师作为带教老师参与教学和实训，以现代学徒制的形式和要求保证教学与实训任务的顺利完成。在政策的支持下，与闲林职高共建实习场所，为闲林职高学前教育专业提供实习实训的良好的平台。在同等情况下优先向闲林职高学前教育专业学生提供实习和就业岗位。

杭州市闲林职高教育集团附属幼儿园的成立是校企合作全新的尝试，其目的是整合各方面资源，在各自“所有制结构、管理体制、隶属关

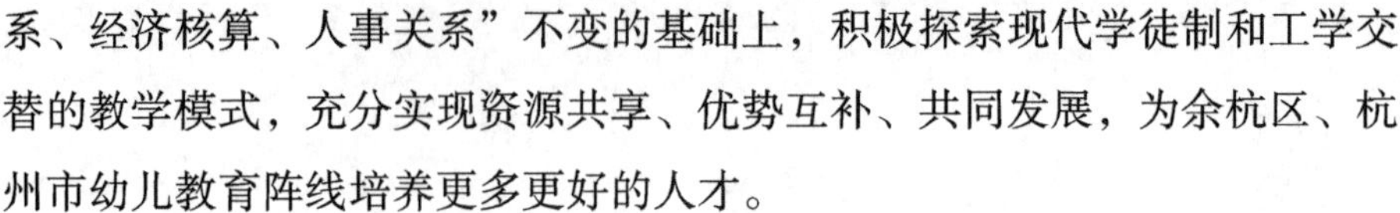

系、经济核算、人事关系”不变的基础上，积极探索现代学徒制和工学交替的教学模式，充分实现资源共享、优势互补、共同发展，为余杭区、杭州市幼儿教育阵线培养更多更好的人才。

二、职成教联盟

为进一步加强余杭组团内中等职业学校与成人学校间的合作，为余杭区经济建设和社会发展培养高素质高技能人才，在余杭区教育局的指导下，经闲林职高、余杭成校、闲林成校、仓前成校、中泰成校和五常成校相关六校合议，成立了“余杭组团”职成教区域联盟。

2015年5月16日，成立仪式在杭州市闲林职业高级中学举行。余杭区教育局副局长胡锡良及相关科室负责人出席了本次仪式。胡锡良副局长作了讲话，他指出，“余杭组团”职成教区域联盟是余杭区，乃至浙江省内首个职业教育与成人教育的联合体。他希望六校要紧密合作，充分发挥联盟的特点和优势，探索出乡镇、社区职业教育新模式，形成职业教育新亮点，从而起到引领示范作用。

“余杭组团”职成教区域联盟的成立开启了职成教合作的新篇章，标志着职成教将在新的领域实现合作共赢。“余杭组团”职成教区域联盟的成立促进了余杭组团内职业教育、成人教育、社区教育的相互融通，为推进新农村和城镇化建设提供服务。

2017年1月6日下午，“余杭组团”职成教区域联盟在余杭区中泰成校举行了2017年课题开题报告会。参加此次开题报告会的除了各成员单位的负责人外，联盟还邀请到了区教育局胡锡良副局长、区教育局成人教育科朱卫民科长和贺建谊副科长、浙江省教育科学规划领导小组办公室副主任沈佳乐博士、杭州市教育规划办教科所俞晓东所长、杭州市职成教研究室科研部张灵仙主任、浙大博士后冉云芳女士、浙工大职成教研究所所长刘辉博士、浙工大杜惠洁博士和浙工大李敏博士。会议由闲林职高包胡凌泰副校长主持，她首先代表联盟对领导和专家的莅临指导表示了热烈欢迎和诚挚感谢，紧接着就联盟成立一年多来取得的进展和此次课题开题的背景进行了阐述，与会的专家对“余杭组团”职成教区域联盟也有了整体了解。

余杭区闲林职高、余杭成校、闲林成校、仓前成校、中泰成校和五常成校六所学校成立“余杭组团”职成教区域联盟。2015年6月1日，杭州市副市长陈红英在市府办2015年第229号情况专报上对余杭区成立浙江省首个“职成教区域联盟”的做法作出重要批示。全文如下：“请市教育局予以关注和及时总结推广”。

余杭组团职成教联盟课程建设系列成果之“垃圾分类”，目录介绍如下：

三、瑞士

第五章　社区垃圾分类指导/常识

一、可回收垃圾

二、厨余垃圾

三、有害垃圾

四、建筑垃圾

五、其他垃圾

第六章　处置生活垃圾小窍门

一、可回收物的巧妙再利用

二、厨余垃圾的巧妙再利用

三、生活垃圾分类小误区

四、垃圾分类常见疑问解答

第七章　垃圾分类靠大家，健康生活你我他

一、杭州现有的垃圾处理场所

二、余杭区垃圾分类实施方案、目标任务

三、闲林街道积极推进垃圾分类工作

四、提高社区的品位，从垃圾分类开始

附　录

一、《城市生活垃圾分类及其评价标准》

二、《杭州市生活垃圾管理条例》

三、《2015年余杭区生活垃圾“三化四分”工作实施方案》

第十节 学生社团

一、书法篆刻社

学生学习书法，研究篆刻技艺，积极参加书法比赛。

二、茶艺表演社

2018年11月17日，校茶艺培训班正式开课。由余杭区茶文化研究会高级茶艺师金爱妹女士主讲。来自学校高一年级的17位学生和6位教师作为学员参加了此次培训。

三、非遗技艺社

为了传承民族传统文化，继承优秀的非物质文化遗产，学校近年一直在开展“非物质文化遗产进校园”活动，将非物质文化遗产融入学校教育和学生生活，通过学生全方位、多角度的参与，让非物质文化遗产的独特魅力和文化内涵激发学生的爱国热情，培养学生的民族自豪感和文化认同感。

四、绿园环保社

闲林职高绿园环保社是余杭区第三届中小学“十大德育精品项目”。社团的目的为：以社团为载体，通过环保宣传活动，在学生中培养一批环保宣传骨干，由个体到群体，由校内向校外，全方位宣传绿色环保相关知识；通过“垃圾分类设基金、涓流成河助同学”活动，培养学生日常生活中垃圾分类习惯，并形成“用已之力，帮助他人”的理念；通过“变废为宝”活动，引导学生结合自身专业特点，用自己的双手挖掘废弃物品的剩余价值，提高环保意识。目前开展的活动有：①宣传活动；②垃圾分类；③校园美化；④变废为宝。

五、“睿省”创想社

秉性“知行统一”教育理念，由电机部电子电工教研组组长柯瑞省教师负责指导的“睿省社”于2015年9月正是成立。睿，深明、通达；省，知觉、觉悟；睿省，即希望社员通过参与活动能够深明、通达所学知识并进行自我觉悟，并通过创新创业载体加以全面发展。

社团成立至今，社员先后在区、市、省乃至全国都获得了优异的成绩，产生了较好的辐射效应。2018年8月，社团的3名学生参加了由共青团中央、教育部、人力资源和社会保障部、中国科协、全国学联共同举办的“挑战杯——彩虹人生”全国职业学校创新创效创业大赛。选送的《新型全自动鱼料投送机的研制》作品荣获一等奖。

六、“彬亭”礼仪社

基于“理实一体”“彰显专业”教育理念，由学前教育专业陈彬彬教师负责指导的彬亭礼仪社于2015年9月成立。“彬”取自“彬彬有礼”，“亭”取自“亭亭玉立”，“彬亭”旨在培养高素质、高涵养的中职女生。

2015年，魏雅婷同学成为学校礼仪社成员，经过严格训练，在2017年浙江省艺术类时装表演专业总分排名全省第一，成为余杭区职业高中唯一的高考状元！

七、体育竞技社

体育竞赛是学校体育工作中非常重要的一部分。近年来学校先后组建了田径队、乒乓球队、健美操队、足球队、排球队等。

田径队，在区运动会比赛中都处于同类学校的前茅，在余杭区第47届中小学生田径运动会中，学校运动员们顽强拼搏，以122分的总成绩获得高中组团体总分第三名。

乒乓球队，近年来在朱斌斌（乒乓球硕士）悉心指导培育下一大批优秀运动员得以成长，近年来了获得了优异的成绩。

健美操队，在欧阳中香（硕士研究生）指导下，2018年3月28日参加杭州市第十四届中学生健美操比赛，荣获杭州市健美操第五名、杭州市啦啦操比赛三等奖。

足球队，在2015年首次组队参加余杭区中学生足球比赛，得了高中男子组亚军，2016年组队参赛的女子足球队得了区冠军。

排球队，组建于2015年9月，当年参加余杭区比赛即获亚军。2016年和2017年连续获得余杭区比赛高中组女子排球比赛的冠军。

学生社团部分活动及其成果，参见图2-4-10-1至图2-4-10-2。

图2-4-10-1　非遗技艺社成果展示

图2-4-10-2 “彬亭”礼仪社成员活动留影

第三篇

师生幸福

追求幸福是职业教育的终极目的。作为一所中等职业学校，杭州市闲林职高的理想就是追求幸福。让学生因事业成功而幸福，让教师因职业成就而幸福，让学校因师生精彩而幸福。每一位学生幸福，每一位老师幸福，这是一个学校最大的幸福。幸福生活要靠我们的双手来创造，职业技能要靠我们的双手来掌握，可持续发展要靠我们的双手来实现。

第五章　师生幸福理论研究

影响幸福的因素可以分为内因与外因，内因虽是决定性条件，但外因起到了非常重要的支撑性作用。当前我国的职业教育发展存在着“看不见”的“痛点”，那就是社会对职业教育仍存在着或多或少的偏见和误解。探究职业学校师生幸福理论的目的在于消解这些偏见和误解。

第一节 幸福的定义与来源

叶澜老师说过，没有教师生命质量的提升，就很难有高的教育质量；没有教师精神的解放，就很难有学生精神的解放；没有教师的主动发展，就很难有学生的主动发展。教育不应只是成人生活的准备，而应该是伴随人终身的生存方式。教育的目的，应该是为着人的和谐发展与终身幸福。

幸福是什么？人人都在问，都在思考，但却都不能给出一个统一的答案。百度上对“幸福”二字的解释是：幸福，是一种感受良好时的情绪反应，一种能表现出愉悦与幸福心理状态的主观情绪。幸福是不痛苦，是一种感受良好时的情绪反应，一种能表现出愉悦与幸福心理状态的主观情绪。大部分人在谈论“幸福”时，都是指这种“幸福”——个人愉悦的感觉、积极的情绪，它是短暂的、易逝的，获得相对简单，有许多的捷径。幸福划分为三个维度——快乐、投入、意义。每个维度的幸福都是好的，但是将浅层次的快乐转化为深远的满足感和持久的幸福感是一件益处更大的事情。

美国著名心理学家赛利格曼提出了一个幸福的公式：

总幸福指数=先天的遗传素质+后天的环境+你能主动控制的心理力量。

其英文的表达：H=S+C+V。

德国哲学家费尔巴哈说：“生活和幸福原来就是一个东西。一切的追求，至少一切健全的追求都是对于幸福的追求。”

作为心理学术语，幸福感是人类个体认识到自己的需要得到满足以及理想得以实现时产生的一种情绪状态，是由需要（包括动机、欲望、兴趣）、认知、情感等心理因素与外部诱因的交互作用形成的一种复杂的、多层次的心理状态。它实质上是外在的良性刺激所诱发的一种具有动力性和依赖性的积极情绪体验。幸福感是人们对客观现实的主观反映。它既与人们生活的客观条件密切相关，又体现了人们的需求和价值取向。

幸福的来源有以下几种：

①乐观心态。乐观是幸福的源泉，保持乐观，就能繁衍幸福。

②自尊心理。自尊心理是幸福的支架，也是幸福的赐予。没有自尊，那么就无法说幸福。

③团队意识。有一个好的团队，才能幸福的源泉。

④朋友。朋友是幸福的支撑。

⑤豁达。豁达是幸福的开阔地。

⑥人缘。合群，人缘好，幸福就会随之而来。

⑦好的工作。一份工作，富有挑战性与激情的工作，再加上良好的休闲娱乐，这样一张一弛，才会有幸福交替出现。

⑧管理情绪。学会管理自己的情绪，不让自己的情绪影响到自己的工作与生活，这是幸福的规则。过分地压抑或放纵自己的感情，会和幸福相悖。

⑨健康。健康幸福的基石，如果没有健全的身体和健康的体魄，就相当于没有根基的建筑。

⑩目标与理解。

第二节　师生的幸福感

幸福，看不见、摸不着，每个人对幸福的感受也都不一样。“教师”这个职业，一直备受人们关注。人们常说老师多幸福啊，只要动动嘴巴就可以了，每年的暑假、寒假，别人都在上班，老师却在家中休息，一年可以休息三个月。但实际上，据调查，这些年来，教师的幸福指数呈下降趋势。究其原因，与四种压力有关：

一是职业要求带来的压力。教师职业本身的高要求具有压力，职业角色的多元性和超负荷造成心理矛盾，教育教学改革带来教师素质重塑的危机与恐慌。

二是学校因素造成的压力。长期工作量超负荷、学生的学习与品行、学校评价和人际关系等产生的压力让老师身心疲惫。

三是社会因素形成的压力。社会对教师在教育教学质量上的高要求以及一些家长的不理解不配合都增加了教师的教育工作难度。

四是个体因素带来的压力。过度的工作压力对教师心理方面的影响是极大的。焦虑、情绪爆发、认知功能障碍和自我评价下降等，这些心理问题的爆发会影响教师的幸福感。

对于“你觉得当老师幸福吗”这一问题，教师们才最有发言权。毕竟，对于一个群体的职业感受，旁观者未必“清”，当局者未必“迷”。

从现代心理学的视角，幸福是人们在社会生活实践过程中，由于生存需要得到适度的满足并感受到自己人生价值的实现或正在实现而形成的一直精神上的总体愉悦状态。也就是说，作为一种过程和总体状态存在的“幸福”，它的产生是建立在人们适度满足自己生存需要的基础上，所获得的较高级的积极的内心体验，因此从某种意义上来说，个体幸福的最高境界是个体的人生价值的最终实现。

在心理学家看来，人们的幸福感是每个人依据自己所设定的标准对自己的生活满意度和情感体验所给出的整体评价，因此他们认为人类的幸福感是被人们主观感知、体验和自我评价的，每个人的幸福感虽然瘦客观因素的制约，但是更会受到人们的主观感受的影响，这也就能解释为什么在同样的环境和条件下，有些人感到幸福，而有些人却认为不幸福了。

职业是指“人们在社会中为了满足自己的物质生活、精神生活的需要而从事的工作”。而职业幸福感就是“人们在从事工作时基于需要得到满足、潜能得到发挥、力量得以增长所获得的持续快乐的体验”。职业幸福感是个体对自身工作的各个方面的积极评价，包括情感、动机、行为、认知和身心幸福五个维度。教师的幸福感是教师通过艰辛的创造性劳动，把学生培养成才后因目标和理想的实现而在心理上和精神上感受到的职业乐趣和人生欢愉，这是其他任何职业所无法享受到的幸福。

让教师幸福，最终目的是为了更好地服务学生。国家督学、原浙江省教育厅副厅长张绪培说：“到一所学校如果看到学生‘满面笑容’，那么这所学校肯定能成功！”也就是说：“一所学校，一切的办学；一所学校的老师，一切的教学；一所学校的学生，一切的学习，最终都是要落到‘幸福’二字上去的。”

提升教师幸福，首先就要尊重教师，把教师当学校的主人，尊重每一位教师。关注教师的冷暖，把教师的安全记在心上，把教师的健康看在眼里，为他们创造舒适的工作环境和丰富多彩的业务生活，让教师工作之余，享受优雅舒适。教师的幸福直接影响教学工作，幸福指数上去了，老师们的教学积极性也有所提高，对自己专业课要求也越来越高，文章发表和课题立项也有明显增加，学生对课堂也越发有兴趣，成绩提高很快，班内绝大多数学生能轻松、愉快地掌握难度较大的知识，学生的就业率也明显提高。

教师的职业幸福感来自学生。幸福的背后，源于教师对学生的爱。一个真爱孩子的教师，心里有爱，眼里有孩子。他的眼神里装满了理解，行为里写满了尊重，话语里流淌着暖意。他知道，教育面对的是一个个活生生的有感情、有思想、有内在生长力的生命，教师的职责就是唤醒、激发、帮助每一个生命的成长。

第六章　闲职师生幸福建设

一所学校，一切的办学；一所学校的老师，一切的教学；一所学校的学生，一切的学习，最终都是要落到“幸福”二字上去的。中等职业学校师生幸福建设有多种维度和多种抓手。

第一节　心理健康教育

师生幸福一直是学校办学的追求，近年在“幸福在手”育人理念的指引下，学校心理健康教育工作在全校师生的共同努力下，得到长足的发展。老师在追逐幸福的过程中，遵循学生心理发展规律进行传道授业解惑，不断提升自身的业务水平；学生在追逐幸福的过程中，接受较全面的心理健康指导，心智更加成熟，逐渐蜕化成一名合格的公民、合格的职业人。

一、建设背景

浙江省教育厅办公室于2017年3月启动了300个中小学心理健康教育示范点建设及50%中小学心理咨询与健康教育机构达标工作，余杭区教育局加快区中小学心理辅导站标准化建设，切实发挥心理健康教育示范点的辐射引领作用，全面提高全体学生心理素质为出发点，明确了区有5所学校在2017年年底完成示范点的建设，学校位列其中。

学校根据《浙江省中等职业教育“十三五”发展规划》等文件精神，充分挖掘本地文化，结合学校实际，确定了“品清、行正、志雅、心善”的校风，从而帮助学生成就“美丽人生”，这为学校的各项教育教学活动奠定了基调。

学校始终坚持育人为本、德育为先，围绕立德树人的根本任务，将德育和心育融入学校教育教学、服务管理的各个环节。学校在推进心理健康教育示范点创建的过程中，一方面是不断完善硬件设施，另一方面，则是强化师资队伍建设，完备各项运行制度。

在深入学习了《浙江省教育厅办公室发布〈关于启动“300个中小学心理健康教育示范点建设及50%中小学心理咨询与健康教育机构达标工作”的通知》（浙教办科教〔2017〕26号）等文件通知后，全面落实创建活动，学校成立了杭州市闲林职业高级中学“创心理健康教育示范点”领导小组，由校长担任组长，由分管副校长为副组长、政教处主任、总务主任、心理辅导站站长及辅导员等10人为成员。领导小组成员负责创建期间各项活动的安排与协调。

2017年年初评为杭州市学校心理健康优秀站，在此基础上以创建省示范点为抓手，进一步推动落实辅导站向学生心理成长指导中心的转变升级。

二、建设过程

创建初期，依据示范点的验收要求，校内进行自查，查找不足、查找缺失。在自查工作结束后，从设备和运行两个方面入手，定下创建工作的目标。

（一）升级环境建设

为促进师生心理素质的进一步提升，学校投入资金组建了学生心理成长指导中心，指导中心设在万卷楼四楼。学校心理成长指导中心占地266平方米，分设有公共阅读区、教师办公室、心理放松室、沙盘接待室、心理宣泄室、团体辅导室和团体活动室。针对在前期的辅导站场地建设中出现的问题，学校领导小组高度重视，积极解决应对措施，对指导中心的场地进行了有针对性的升级改造。改造后的指导中心整体色调更柔和，团体活动室扩大面积到95平方米，满足观摩课的需求，同时有效利用场地优势，在公共开放区域开辟开放书架，方便鼓励学生阅读。

(二)完善硬件设施

针对各功能室的特点和需求，学校为心理成长指导中心配备了齐全的设施设备，如心理放松椅一台，标准版沙盘两套，团体沙盘一套、宣泄人一台、呐喊仪一台，学生心理自助仪一台，学生心情卡一台。小团辅室桌椅30套，大团辅室桌椅54套。个体咨询室及教师办公室还有沙发、茶几、计算机、打印机等。另外，学校还购置了学生心理测量软件，购买了大量的心理咨询和心理教育类的书籍。

(三)加强人员培训

2015年暑假，为进一步提高全体教师的心育水平，学校与区教科室联系，对全体45周岁以下的教师进行了心理健康教师C证培训。目前全校教职员工中有C级以上心理证书的老师占了全体教师人数的85%，拥有B证的教师4人，持有国家二级心理咨询师证书的教师2人，三级心理咨询师证书的教师4人。

除此之外，学校还积极支持教师参加省市级心理教师专业培训、心理研讨会、成果展示会、心理工作坊等，鼓励全体教师多渠道进行心理健康教育的培训和外出学习，学以致用。

针对功能室的需求，安排中心的教师参加沙盘的学习培训活动，根据中心的发展需要，参加青春期健康教育的师资培训、班主任工作坊培训、教师心理健康工作室培训以及示范点的专项培训。

三、建设成果

(一)有序开展指导中心工作

心理辅导工作制度化。为使学校心理辅导工作有章可循，学校设立了一系列配套工作程序:《闲林职高咨询服务流程》《闲林职高个体心理咨询室工作制度》《闲林职高心理宣泄室注意事项》《闲林职高咨询室来访者须知》《闲林职高心理咨询室保密制度》《闲林职高沙盘室须知》《系列危机干预机制》《个别咨询记录表》《学生心理晴雨表》《心理功能室使用登记表》等。每学期编制工作计划，每学期结束也有工作总结，使学生心理辅导工作规范化日常化。

指导中心每周开放10小时以上，时间为周一至周五大课间，中午12点至13点，以及下午16：10至17：10分别由6位专兼职辅导员轮流坐班，除了固定开放时间以外，咨询室也按需要随时开放。

心理健康档案规范化。2013年起学校对利用软件测评系统对各届学生进行心理的调查，对每一个学生的心理现状作出科学而全面的分析，对测评后的结果做必要的记录，并将团体报表提供给各班班主任，以及年级组长和政教处。同时通过班主任整理特异体质学生和特殊学生的情况，做好分类汇总工作。

（二）扎实开展教育教学工作

在课程改革大潮中，学校始终重视心理课程的开发，把心理健康教育纳入学校的必修课内容。在高二年级五个班开设心理必修课，高一年级开设心理选修课，每学期保证每周一到三个课时。开设心理健康教育课程不是为了治疗和矫正，强调的是促进学生心理健康发展，实现人格上的成长和心理潜能的开发。从2017年上半年起，学校每学期征订《心灵乐园》，发放到学生手中，班主任配有辅导用书。确保心理活动课有效开展。

开设心理活动课是学校进行心理健康教育的主要渠道，心理健康教育领导小组根据各年级学生的年龄特点、心理特点，制定心理健康教学计划，每班每两周开设一节课。每学期定期开出心理活动公开观摩课，并进行课后的研讨活动，对活动课的效果进行评价，并提出改进措施。

（三）普及心理健康教育活动

学校运用多渠道、多途径开展心理健康教育宣传工作。

学生层面：学校通过心理社、“心灵之约”广播、心理剧表演、心理健康宣传窗、心理健康主题黑板报、心理健康宣传周、心理健康活动月、心理讲座、班级心理辅导课等多种活动，积极宣传心理健康的重要性，提供学生心理自我维护意识。

教师层面：通过全员培训和专家讲座以及拓展活动等，提高全校教职工的心理健康教育意识和技能。

家长层面：利用家长会和家校委员会等契机，对全体家长进行心理辅导知识宣传，以视频宣传和小报形式，加强与家长的合作。

此外，学校网站有心理健康教育专题，指导中心有公众号，宣传心理健康知识，发布最新消息。

(四)辐射心育幸福的影响力

通过多渠道多途径的形式开展的心理健康教育活动，无论是面向教师的活动还是针对学生的活动，无论是活动目的还是活动过程，始终坚持“幸福在手”的理念。

例如开展的“成长路上有你有我”活动，深受学生和老师的欢迎。同学间的拥抱，朋友间的拥抱，师生间的拥抱，久违的拥抱，突然间拉近了彼此的距离，感悟人与人之间的信任带来的幸福。培养学生成为一个能感知幸福的人。有幸福感的人是指导中心追求的目标。

第二节　教师发展

有效的教师评价，不仅可以促进教师的职业幸福，还间接促进学生的学习幸福感。故而，2018年7月学校完善了《教师考核细则》，为教师发展指明方向。其要点如下：

一、教育教学工作

（一）教学常规

①服从教学工作安排。

②严格执行课程计划。

③备课及时，近1年来备课齐全。

④上课无迟到、早退现象。

⑤课堂管理积极，课中没有学生睡觉的现象。

⑥作业布置、批改及时。

教学检查优秀，积极参加教学能力测试，前一年教师解题能力测试A级、B级，上课节数增加，临时承担其他教学工作量，都可以酌情加分。

（二）教学能力

①能承担各类教学任务，完成教学工作量。

②出卷、监考、阅卷，专业课技能考核等，工作无差错，无教学事故。

③主动投入学科及专业建设，完成学科及专业建设相关任务。

④学生民意测评优良率。

老师个人业务竞赛获奖及辅导学生获奖，学科考试名次，高中毕业班任课教师，大专、本科上线人数，公开课，学生民意测评优良率，都可以酌情加分。

二、教科研工作

（一）业务培训

按学校要求参加学分培训，按要求参加校级校本培训，读书体会。

90学时及省、国培回校后完成交流（书面或大会报告），外出培训教师获优秀学员，读书征文获奖，可以酌情加分。

（二）课题研究

及时按要求填写课题申报书。

课题立项，按时完成课题研究并结题，课题研究成果获奖，根据课题深入研究并撰写出研究论文，可以酌情加分。

（三）论文撰写

每学年上交两篇论文教学案例，每学年上交一篇不少于3 000字教学论文。

论文获奖，公开发表论文，编辑校本教材并校内使用，可以酌情加分。

（四）指导教师

享有所指导的教师（以教科室组织的教科研师徒协议为准）在课题立项、成果获奖、论文发表等方面加分的50%奖励性加分。

三、劳动纪律

严格遵守学校作息制度，全勤参加校内组织的各项学习、培训及正常参加会议、活动仪式等，服从值班工作安排。

临时承担办公室安排其他工作的，可以酌情加分。

四、德育工作

自愿承担学校班主任工作。

非班主任结对一个班级，非班主任结对二个寝室，非班主任结对一个问题学生，非班主任结对一层楼，每学期上交德育案例，承担新班主任培训工作，发现学生违规、违纪等现象及时制止、教育并做好记录，男女教师多年承担班主任工作的，成为区级或国家级班主任工作室领衔人，担任社团指导工作，参加团委组织的社会志愿者工作，班主任参加班主任能力大比武获奖，都可以酌情加分。

第三节　医疗保健

学校对教师的身体健康非常重视，除了安排好每年一次的教师体检之外，还邀请了浙江省医学科学院郭潮潭博士的医疗团队坐诊学校，为教师进行医疗保健。

下面对坐诊学校的郭潮谭博士予以简单介绍：

郭潮潭，1964年生，中华医学会浙江省医学病毒学分会委员，浙江省预防医学会医院感染学分会委员，浙江省中医药学会博士学术分会副主委，日本静冈县立大学客座教授。入选浙江省新世纪151人才培养计划（2004年）；省自然科学基金杰出青年培养（2004年）；浙江省卫生高层次创新人才培养（2008年）；浙江省“千人计划”特聘专家（2010年）和《科学中国人》2012年度人物（2013年）等。主持并完成国家自然科学基金、省自然科学基金杰出青年培养项目等10余项。主编学术专著《流行性感冒》。申报国家发明专利2项，获得了浙江省政府科技进步奖等科研成果3项。

第四节　其他方面

师生幸福建设，除了上述心理健康教育、教师发展、医疗保健三个方面外，还涉及举办艺术（技能）节、课余生活、就业与升学等方面。

(一)艺术(技能)节

学校举办艺术（技能）节，并参加中国国际动漫节、美丽洲大舞台、香港国际音乐节等校外演出。2018年6月3日晚，“美丽洲大舞台”闲林街道专场文艺汇演在临平人民广场正式拉开序幕，演出以“展现社团风采　张扬青春魅力”为主题。为进一步加强学校和地方的合作，充分发挥中职学校的魅力文化，学校艺术团受邀参加演出。此次活动，学校艺术团成员们为观看的社区居民带去四个节目：舞蹈《绒花》《快乐合唱》，表演唱《采茶新编》《燕子》。参加演出的学生们梳妆打扮，和着时而舒缓、时而跳跃的音乐，将学校的艺术魅力尽情展现，得到了社区居民的一致好评，赢得了台下观众的阵阵掌声和赞叹。

(二)课余生活

学校课余生活丰富多彩，曾进行元旦游园活动、千人饺子宴等，吸引众多师生参予。

(三)就业与升学

“就业有路，升学有望”，多年来学校非常重视学生的就业指导工作，每一年学校都会组织校外的企事业单位到校开展招聘。

第五节　幸福留影

幸福，在于景美、人美、心灵美。师生所拥有的幸福，遍布于共同生活、共同学习的瞬间。特此精选能够彰显闲林职业高级中学校园特色的照片，记录师生的幸福瞬间。

图3-6-5-1　闲林职业高级中学效果图

图3-6-5-2　闲林职业高级中学校门口

图3-6-5-3　闲林职业高级中学万卷楼

图3-6-5-4　闲林职业高级中学西溪苑

图3-6-5-5　闲林职业高级中学力耕楼

图3-6-5-6　闲林职业高级中学双创园

图3-6-5-7　闲林职业高级中学之综合楼屋顶花园

图3-6-5-8　闲林职业高级中学校园一角(一)

图3-6-5-9　闲林职业高级中学校园一角(二)

图3-6-5-10 闲林职业高级中学校园一角(三)

图3-6-5-11 闲林职业高级中学校园一角(四)

图3-6-5-12　闲林职业高级中学校园一角(五)

图3-6-5-13　闲林职业高级中学校园一角(六)

图3-6-5-14　闲林职业高级中学校园一角(七)

图3-6-5-15　闲林职业高级中学校园一角(八)

图3-6-5-16　闲林职业高级中学校园一角(九)

图3-6-5-17　闲林职业高级中学校园一角(十)

图3-6-5-18　闲林职业高级中学特色教室(一)

图3-6-5-19　闲林职业高级中学特色教室(二)

图3-6-5-20　闲林职业高级中学特色教室(三)

图3-6-5-21　闲林职业高级中学特色教室(四)

图3-6-5-22　闲林职业高级中学教室一角

图3-6-5-23　闲林职业高级中学学生表演(一)

图3-6-5-24　闲林职业高级中学学生表演(二)

图3-6-5-25　闲林职业高级中学学生表演(三)

图3-6-5-26 闲林职业高级中学学生表演(四)

图3-6-5-27　闲林职业高级中学学生表演（五）

图3-6-5-28　闲林职业高级中学生表演(六)

图3-6-5-29 闲林职业高级中学学生表演（七）

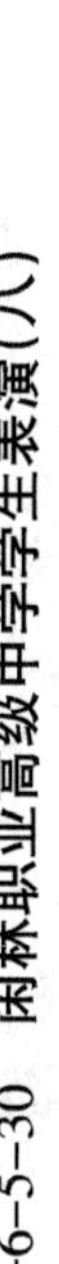

图3-6-5-30 闲林职业高级中学学生表演(八)

图3-6-5-31　闲林职业高级中学学生表演（九）

图3-6-5-32　闲林职业高级中学教学活动(一)

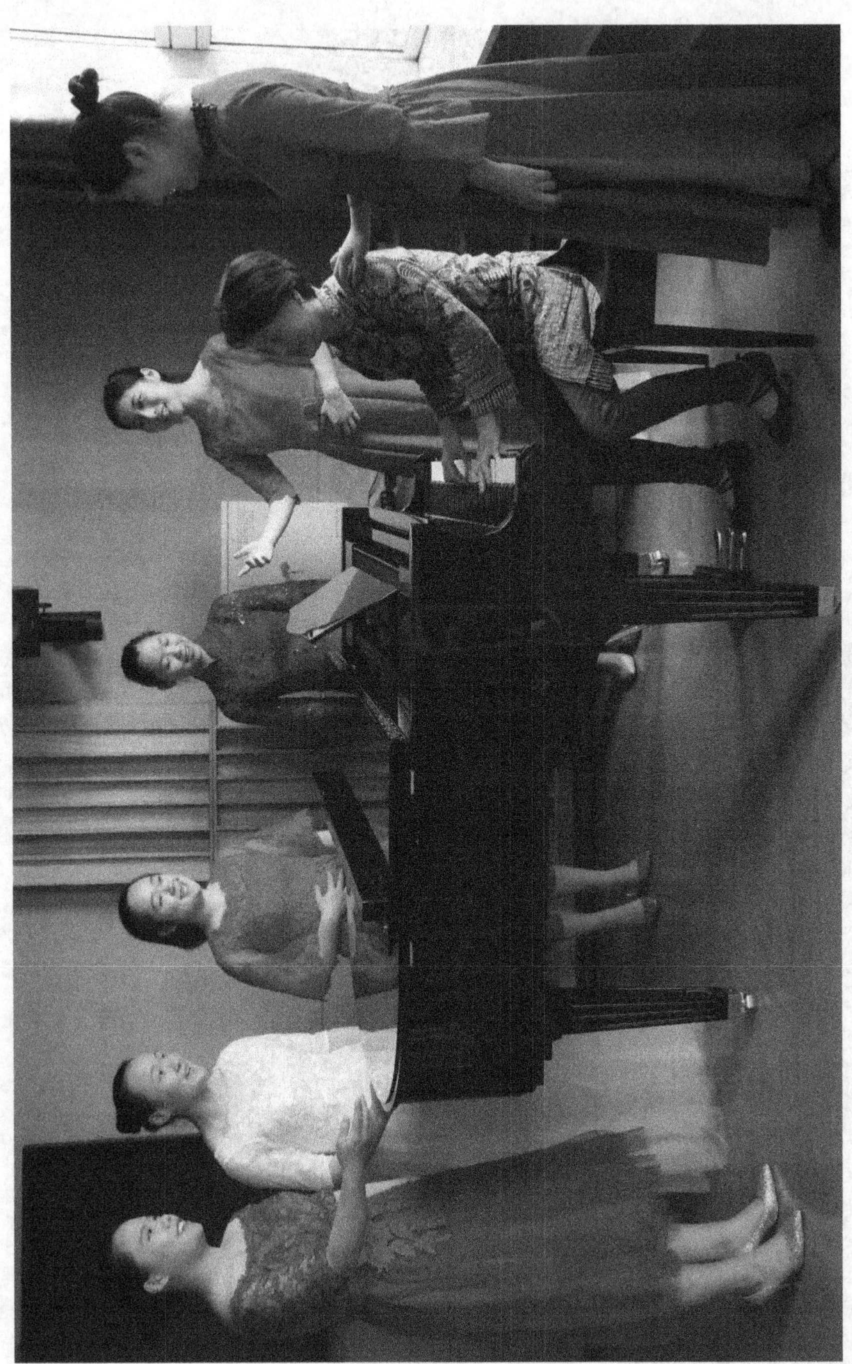

图 3-6-5-33　闲林职业高级中学教学活动(二)

图3-6-5-34　闲林职业高级中学英语教研组老师与加拿大外教Rosana交流

图3-6-5-35　闲林职业高级中学外教授课

图3-6-5-36　闲林职业高级中学英语教研活动后合影

图3-6-5-37　闲林职业高级中学德育财会教研组合影

图3-6-5-38　闲林职业高级中学电类教研组合影

图3-6-5-39　闲林职业高级中学计算机教研组合影

图3-6-5-40　闲林职业高级中学数学教研组合影

图3-6-5-41　闲林职业高级中学体育教研组合影

图3-6-5-42　闲林职业高级中学学前教育教研组合影

图3-6-5-43　闲林职业高级中学语文教研组合影

图3-6-5-44　闲林职业高级中学园林专业教师合影

图3-6-5-45　闲林职业高级中学英语教研组合影

图3-6-5-46 闲林职业高级中学校级班子成员合影

图3-6-5-47 闲林职业高级中学校行政管理团队合影

图3-6-5-48　闲林职业高级中学组织学生参观校外禁毒教育基地

图3-6-5-49　闲林职业高级中学组织学生参观金职仓前幼儿园

图3-6-5-50　闲林职业高级中学开学典礼暨校庆活动(一)

图3-6-5-51　闲林职业高级中学开学典礼暨校庆活动(二)

图3-6-5-52　闲林职业高级中学学生活动(一)

图3-6-5-53　闲林职业高级中学学生活动(二)

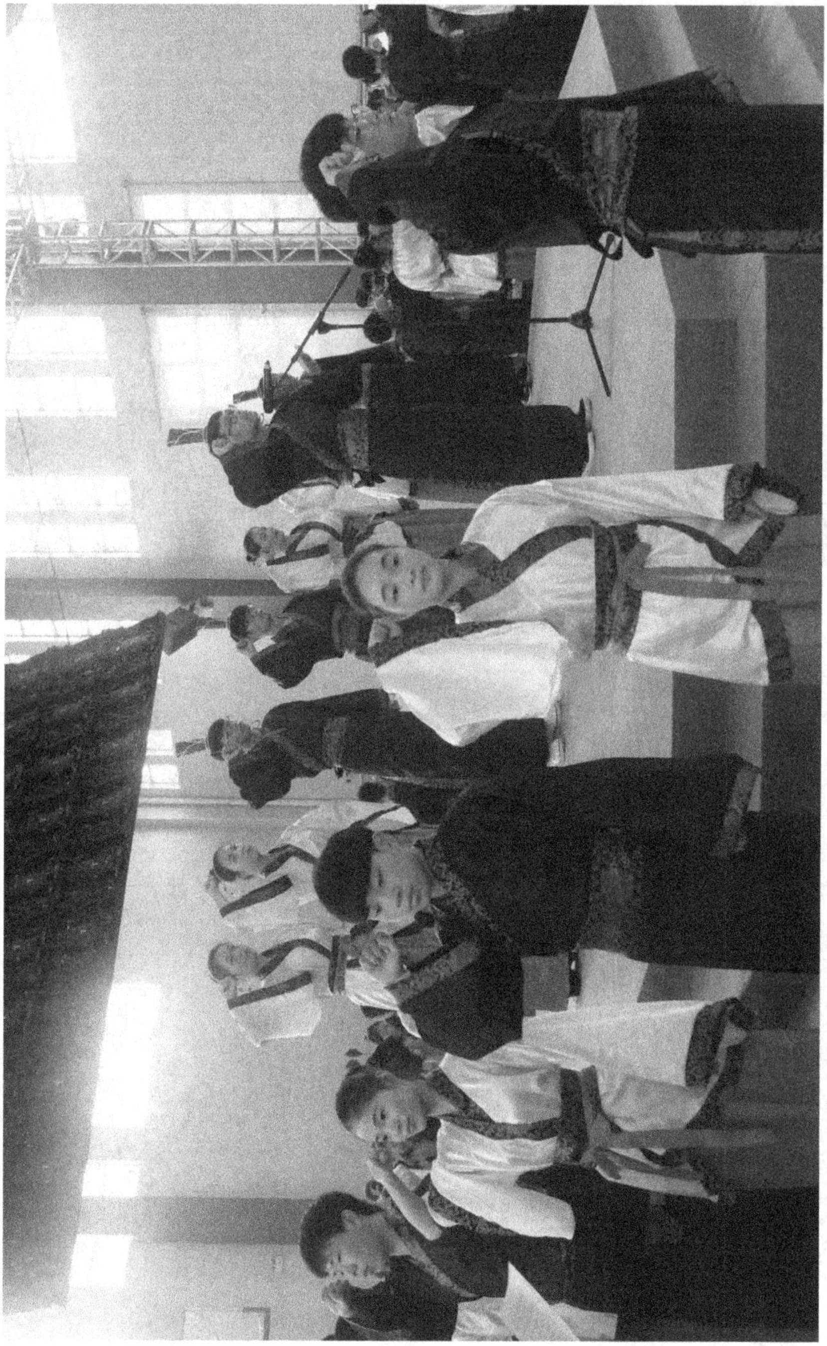

图3-6-5-54　闲林职业高级中学学生活动(三)

图3-6-5-55　闲林职业高级中学学生活动(五)

图3-6-5-56　闲林职业高级中学学生活动(六)

图3-6-5-57　闲林职业高级中学获奖后合影(一)

图3-6-5-58　闲林职业高级中学获奖后合影(二)

图3-6-5-59　闲林职业高级中学参赛后合影(一)

图3-6-5-60　闲林职业高级中学参赛后合影(二)

图3-6-5-61 学校参加全国比赛后留影

图3-6-5-62　学校参加市级比赛后留影

图3-6-5-63　学校参加区运动会留影

图3-6-5-64　闲林职业高级中学现代学徒制拜师仪式剪影

图3-6-5-65　学校获得“军政训练好”荣誉

图3-6-5-66　学校军训闭营式留影

图3-6-5-67　闲林职业高级中学庆祝教师节茶话会

图3-6-5-68　闲林职业高级中学辩论赛剪影

图3-6-5-69　闲林职业高级中学参加民间艺术展

图3-6-5-70　闲林职业高级中学某班毕业照

图3-6-5-71　闲林职业高级中学教师节活动(一)

图3-6-5-72　闲林职业高级中学教师节活动(二)

图3-6-5-73　闲林职业高级中学工作汇报剪影

主要参考文献

[1] 刘溪.立足学校教育思想构建学校特色文化——谈淮滨高中学校特色文化建设[J].中国教育学刊,2018(S1):41-43.

[2] 程武山.传统文化传承与校园文化建设融合发展[J].中国教育学刊,2018(S1):17-19.

[3] 曹国栋.创建真正的特色学校[N].中国教师报,2018-07-18(13).

[4] 柳袁照.特色学校或许是薄弱学校[N].中国教师报,2018-07-18(13).

[5] 丛惠春.学校文化建设中需要处理好的几方面关系[J].现代教育管理,2018(7):33-37.

[6] 高崇慧.特色学校建设视角下的学校适性课程体系构建实践[J].现代教育科学,2018(7):152-156.

[7] 吴炜.从文化解读到文化创新——探索学校文化建设之理论根基[J].才智,2018(19):186-188,190.

[8] 陶显松,沈世豹,教育创建特色学校[M]//高国林.芜湖县年鉴.合肥:黄山书社,2017:179.

[9] 王小分.集团办学背景下学校文化的有效融合[J].长春教育学院

学报,2018,34(6):32-34.

[10] 张建,程凤春.名校集团化办学中的校际合作困境:内在机理与消解路径——基于组织边界视角的考量[J].教育研究,2018(6):87-97.

[11] 江萍.办有意思的学校做有意义的教育——依托地域资源架构学校特色育人文化的实践[J].中小学德育,2018(6):44-46.

[12] 段恒耀.论名校集团化办学中的学校组织间关系形态及其治理[J].教育理论与实践,2018(16):21-25.

[13] 张朝静.名校集团化办学的困境与突破[J].华夏教师,2018(14):2-3.

[14] 王立根.名校是素养和财富[N].福建日报,2017-11-30(11).

[15] 张华.构建幸福校园提升师生"幸福指数"[N].中国教育报,2014-03-05(11).

[16] 佩德罗·孔塞桑,罗米娜·班德罗.主观幸福感研究文献综述[J].卢艳华,译.国外理论动态,2013(7):10-23.

[17] 阚洁琼,鞠嘉祎.主观幸福感的影响因素及幸福值提升[J].社会心理科学,2012(12):7-10.

[18] 创造幸福提升幸福传递幸福享受幸福[N].中国社会报,2012-09-27(2).

[19] 戴铜.学校能为教师幸福做点什么[N].中国教育报,2011-11-15(7).

[20] 刘翔平.来,让我们一起走向幸福[N].光明日报,2011-08-26(15).

[21] 王元骧.美:让人快乐、幸福[J].学术月刊,2010(4):92-97,108.

[22] 赖新.浅谈教师职业幸福感[J].改革与开放,2009(12):193-194.

[23] 徐莉丽.幸福教育营造幸福人生[N].成都日报,2009-05-26(A06).

[23] 肖成勇，蒋敏，来尧静. 幸福指数测量方法研究[J]. 特区经济，2007(12):301-302.

[24] 王露璐. 幸福是什么[N]. 光明日报，2007-11-13(11).

后　记

银杏扎根五十环，不下仲尼树一帆。

闲职代有人才出，塔基山下绘宏图。

在各级领导的关怀指导下，在全体教职员工的积极努力下，学校取得了一个又一个阶段性成果。五十年于华夏是弹指一挥间，但于闲林职高是五十载桃李芬芳，群星灿烂。

在闲林职高五十华诞之时，我们分享过去的喜悦，告别曾经的苦辣；我们迎接时代新的挑战，攀登职教新的高峰。

栉风沐雨上下求索，砥砺耕耘薪火相传。感谢诸位同仁，是你们的大力支持、无私奉献，使本书得以顺利付梓，让笔者为闲林职高的五十华诞献上了一份贺礼。

由于时间和精力有限，书中难免有遗漏和不足，故而笔者非常希望得到读者朋友们的宝贵意见和建议。

二〇一八年八月二十八日